Christine Volm

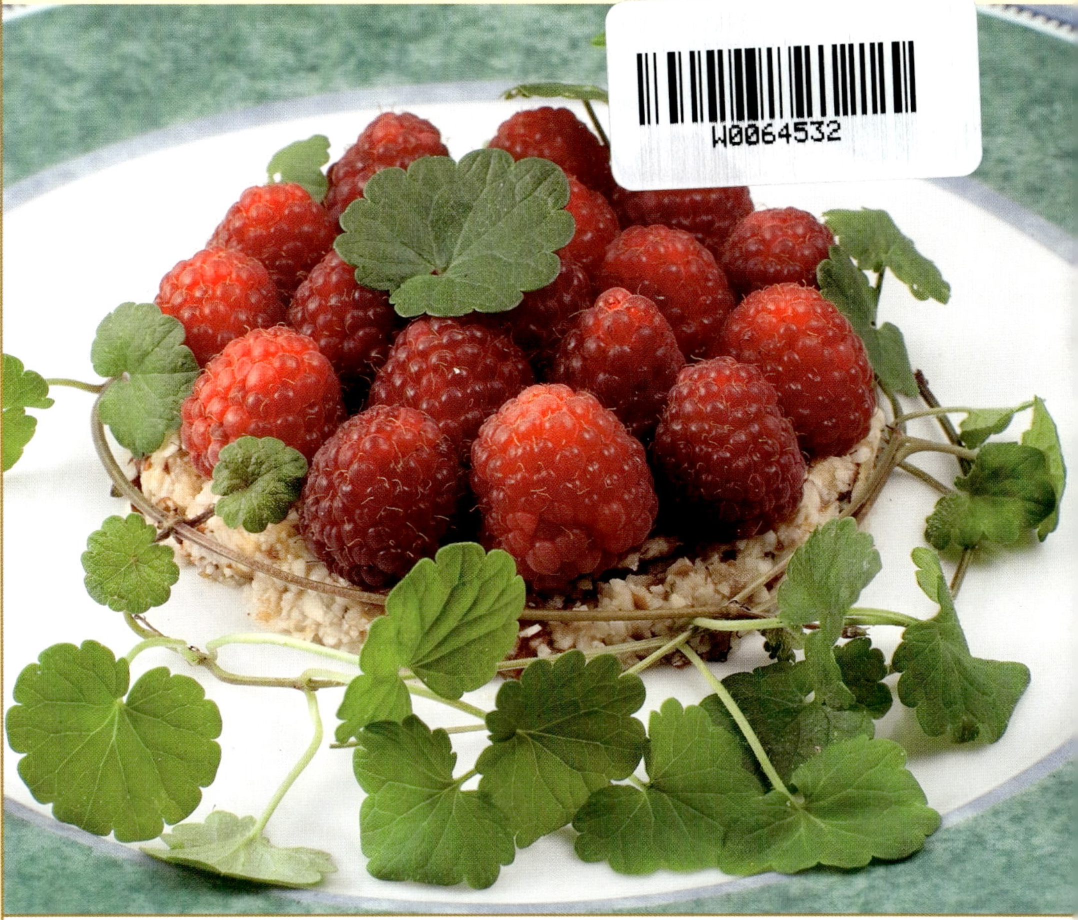

Rohköstliches

gesund durchs Leben
mit Rohkost und Wildpflanzen

Rohkost-Ernährung, was ist das?

Wie Sie Ihre Gesundheit erhalten
und zurückgewinnen,
ohne auf Genuss zu verzichten.

6

Alltag mit Rohkost

Was in der Theorie schwierig
erscheinen mag, ist in
der Praxis ganz einfach.
Probieren Sie es aus!

28

Essbare Wildpflanzen sammeln und genießen

Was an gesundem und schmackhaftem Grün in Feld, Wald und Wiese zu finden ist

Rezepte

Für jeden Geschmack das Richtige: Rohkost für Kreative

Service

Vorwort

Wie viele andere Menschen bin auch ich nicht durch Zufall zur Rohkost-Ernährung und zum Genuss essbarer Wildpflanzen gekommen. Auslöser für meine Umstellung der Ernährung waren konkrete gesundheitliche Probleme. Als ich aber gemerkt habe, wie gut mir diese Ernährungsform tut und dass mit der Zeit auch zahlreiche andere Zipperlein verschwanden, wurde mir klar, dass diese Art der Ernährung für mich die richtige ist. Als ausgebildete Wissenschaftlerin hinterfragte ich vieles und musste dabei feststellen, dass weder Medizin noch Bio- und Ernährungswissenschaften erfüllende Antworten geben konnten. Es waren vielmehr langjährig erprobte Roh- und Urköstler, die mir ein Vorbild waren, vor allem diejenigen, welche auch die essbaren Wildpflanzen als einen wichtigen Teil ihres Speiseplans ansehen. Bereits als Kind liebte ich es, Pflanzen direkt aus der Natur zu essen: Erbsen und Tomaten wanderten damals schon ebenso wie Ehrenpreisblüten und Vogelmiere direkt von der Pflanze frisch gepflückt in meinen Mund. Lange Jahre des „zivilisierten" Umgangs mit Pflanzen sowie das Studium von Wildpflanzen, Obst-, Zier- und Gemüsepflanzen, Heilpflanzen, subtropischen und tropischen Pflanzen folgten. Mit der Umstellung auf Rohkost mit Wildpflanzen schloss sich für mich der Kreis: Die theoretisch erlernten Zusammenhänge ergaben in der Kombination mit der praktischen Erfahrung nun alle einen Sinn. Pflanzenphysiologie und Biochemie wurden anschaulich erfahrbar. Kindheitserinnerungen wurden wieder lebendig, und neben meinem Körper fühlte sich auch meine Seele befriedigt. An dieser Stelle möchte ich mich bei all jenen bedanken, die mich auf meiner Entdeckungsreise begleitet, inspiriert und auch kritisch hinterfragt haben. All die Fragen von Familie und Freunden ebenso wie von Seminarteilnehmern wurden für mich zum Antrieb, noch mehr zu beobachten und zu hinterfragen, um meine Erkenntnisse weitergeben zu können. Letztendlich wurden sie zur Grundlage für das vorliegende Buch. Dieses Buch ist kein medizinischer Ratgeber oder ein Handbuch der Ernährungswissenschaften. Mein Anliegen ist es, Gesundheit und Genuss zu fördern und zu zeigen, dass diese beiden Aspekte durchaus gut miteinander vereinbar sind.

Die Gesundheit, die ich erfahren durfte, ist eine tägliche Bereicherung meines Lebens. Probieren Sie es selbst aus. Fasten Sie ein paar Tage und wagen Sie dann das Experiment „Ernährung mit Rohkost und essbaren Wildpflanzen". Sie werden sehen: Nie haben Sie sich leichter und erfrischter gefühlt. Eine kleine Warnung zum Schluss: Wenn Sie die gesundheitlichen Verbesserungen, welche diese Form der Ernährung mit sich bringen kann, erlebt haben, werden Sie nicht mehr darauf verzichten wollen.

Ich wünsche uns allen gute Gesundheit und viel Genuss!

Sindelfingen, im Frühjahr 2010
Dr. Christine Volm

Rohkost-Ernährung, was ist das?

Sich von roher Pflanzenkost zu ernähren ohne tierische Produkte, das ist nicht nur gesund, sondern bedeutet auch Genuss und Spaß.

Vegane Rohkost

Wie Sie Ihre Gesundheit erhalten und zurückgewinnen, ohne auf Genuss zu verzichten: Ernährung mit Rohkost und essbaren Wildpflanzen macht Spaß und ist gesund.

Rohkost? Üblicherweise staunen die Menschen nicht schlecht, wenn ein Rohköstler seinen Essenswunsch äußert, sei es im Restaurant, bei Einladungen, Partys oder bei offiziellen Anlässen. Dass sich jemand mit einer Ernährung begnügt, die auf den ersten Blick relativ karg und kulinarisch wenig interessant anmuten mag, verwundert und irritiert manche, während andere dadurch sogar verunsichert werden.

Diese so ganz andere Ernährungsform wirft Fragen auf – neugierige, interessierte und zum Teil auch abschätzige Fragen, die nicht mit einem Satz beantwortet werden können. Rohköstler können in aller Regel ausführlich darlegen, wie sie zu dieser Form der Ernährung gefunden haben und warum sie diese mehr oder weniger streng praktizieren. Je nachdem, mit welcher Absicht die Fragen gestellt werden, bewegen sich

Saftiges Obst und essbare Wildpflanzen – das ist Gesundheit, die
schmeckt und auch das Auge erfreut.

die Diskussionen darüber zwischen
Befriedigung eines ernst gemeinten
Interesses bis hin zur Rechtfertigung.
Im Folgenden habe ich zunächst einmal
die am häufigsten gestellten Fragen for-
muliert, um mit kurzen Antworten
einen Überblick zum Thema zu geben.
Beim Weiterblättern finden Sie dann
detaillierte Erläuterungen dazu, was die
Rohkost-Ernährung ausmacht und
warum essbare Wildpflanzen unbedingt
dazugehören.

Was bedeutet Vegane Rohkost?

Unter Rohkost ist eine Form der Ernährung zu verstehen, die sich aus Lebensmitteln zusammensetzt, die möglichst
naturbelassen, also wenig verarbeitet
und kaum erhitzt, verzehrt werden.
Spricht man von „Veganer Rohkost",
sind damit vorwiegend Obst und
Gemüse gemeint, die höchstens auf
Temperaturen um die 40 °C erwärmt
werden. Ergänzend werden Nüsse, Pilze,
Sprossen, Trockenobst oder getrockne-
tes Gemüse und essbare Wildpflanzen
gegessen.
In diesem Buch beschäftigten wir uns
ausschließlich mit Veganer Rohkost,
was bedeutet, dass sämtliche tierischen
Produkte wie Milch, Fleisch, Fisch, Eier,
aber auch Honig oder Blütenpollen
außen vor bleiben.

Wird eine reine Rohkost-Ernährung nicht langweilig?

Rohköstler, die sich vielseitig und
abwechslungsreich ernähren, werden
diese Frage immer verneinen. Zugegeben: Extreme Rohkostformen, die sich
nur aus dem Verzehr einiger weniger
Produkte zusammensetzen, können
tatsächlich als langweilig angesehen
werden. Wird hingegen die Vielfalt essbarer Pflanzen genutzt, kann Rohkost
sogar abwechslungsreicher sein als herkömmliche Ernährung. Allein die Tatsache, dass die übliche Ernährung als
Hauptbestandteil nur wenige Getreide-
arten verwendet, macht deutlich, wie
wenig Abwechslung im Grunde dabei
gegeben ist. Als Hauptbestandteil der
Mahlzeiten wird üblicherweise mehrmals täglich Weizen gegessen, zwar in
vielen verschiedenen Zubereitungsformen, etwa als Brot, Brötchen, Nudeln,
Kuchen oder Pizza, aber eben immer
wieder Weizen. Bei der Rohkost dagegen
gibt es keinen solchen „Dauerbrenner",
der fast zu jeder Mahlzeit gehört.
Über die Ergänzung der Rohkost mit
essbaren Wildpflanzen eröffnet sich
zusätzlich ein riesiges Repertoire nicht
nur an Inhaltsstoffen, sondern auch an
Geschmacksrichtungen. Im Gegensatz
zu züchterisch weiterentwickelten Produkten wie Weizen, aber auch Obst und
Gemüse, bieten Wildpflanzen noch die
natürlicherweise vorhandene Zusammensetzung an Inhaltsstoffen. Bitterstoffe im Salat beispielsweise oder
herbe Geschmackskomponenten bei
Äpfeln finden sich in den heutzutage
angebotenen Zuchtsorten kaum mehr.
Gerade solche Inhaltsstoffe aber tragen
außer zum Geschmack auch zu unserer
Gesunderhaltung bei. Daher ist der Verzehr von Wildkräutern und Wildobst

eine hervorragende Möglichkeit, den Gaumen wieder zu schulen und zugleich etwas für die Gesundheit zu tun.

Braucht man denn nicht mal etwas Warmes?

Das kann sein und erscheint vor allem Anfängern manchmal als Problem. In den meisten Fällen ist es jedoch so, dass durch die Ernährung mit einer vielseitigen Rohkost das Bedürfnis nach von außen zugeführter Wärme abnimmt. Zahlreiche Rohköstler berichten sogar, dass das körperliche Kälteempfinden schwindet, da der Körper besser durchblutet wird.

Wie kommt jemand zu dieser Form der Ernährung?

In unserem Kulturkreis ist es alles andere als alltäglich, sich ausschließlich von Rohkost zu ernähren. Daher ist diese Frage durchaus berechtigt. Laut der 2008 veröffentlichten Nationalen Verzehrsstudie II, die vom Bundesministerium für Ernährung, Landwirtschaft und Verbraucherschutz in Auftrag gegeben wurde, richten sich nur 3,9 % der Teilnehmer nach einer besonderen Ernährungsweise, am häufigsten Frauen. 1,6 % der Teilnehmer gaben an, Vegetarier zu sein – 2,2 % der Frauen und 1 % der Männer. Andere Ernährungsweisen liegen deutlich unter 1 %. Etwa 0,1 % der Bevölkerung ernähren sich vegan, ebenso viele von Rohkost (Max-Rubner-Institut 2008). Weil sich die in unseren Breiten übliche Ernährungsform als Ursache vieler sogenannter „Zivilisationskrankheiten" entpuppt hat, scheint es für einige an der Zeit zu sein, nach einem neuen Ansatz zu suchen, ungeachtet dessen,

dass von Seiten der Medizin teilweise Vorurteile gegen diese alternativen Ernährungsformen bestehen. Je mehr die staatliche Gesundheitsfürsorge abnimmt, desto mehr Menschen stellen sich die Frage: Was kann ich selbst zur Erhaltung meiner Gesundheit beitragen?

Häufig finden Rohköstler durch gesundheitliche Probleme und ernsthafte Erkrankungen zu dieser Ernährungsweise. Sie erleben eine Verbesserung ihres gesundheitlichen Zustands und behalten zumindest zum Teil die für sie wohltuende Ernährungsform auch nach dem Abklingen von Symptomen oder nach Ausheilung bei. Menschen, die unter Allergien, Haut- und Darmerkrankungen oder anderen Krankheiten litten, findet man in diesen Kreisen häufig. In einer von Semler (2008/1) veröffentlichten Studie zur Untersuchung von Langzeit-Rohköstlern, die sich seit mindestens 10 Jahren mit einem Rohkost-Anteil zwischen 70 und 100 % ernährten, gaben 39 % der befragten Teilnehmer an, die Rohkost-Ernährung aus gesundheitlichen Gründen durchzuführen, während 31 % die Leistungssteigerung als Grund nannten.

Ist die vegane Rohkost ökologischer als andere Ernährungsweisen?

Neben dem gesundheitlichen Aspekt, spielt es für viele Menschen eine wichtige Rolle, dass für die vegane Lebensweise kein Tier getötet werden muss und die Tierhaltung an sich überflüssig wird. Das Argument der ressourcen- und landschaftsschonenden Gewinnung von Nahrungsmitteln kann auch ein Grund für einen Umstieg sein. Dem

Bestreben, einen möglichst kleinen „Ökologischen Fußabdruck" zu hinterlassen, lässt sich umso besser gerecht werden, je weniger tierische Produkte verzehrt oder genutzt werden.

Was und wieviel trinken Rohköstler?

Darauf gibt es keine allgemeingültige Antwort, da Rohköstler dies sehr unterschiedlich handhaben. Während viele auf aufbereitetes Wasser, natürliches Mineralwasser oder Quellwasser schwören, gibt es auch Rohköstler, die fast nichts oder nur sehr wenig trinken. Diese Menschen ernähren sich meist vollständig oder zu annähernd 100 % von Rohkost und decken ihren Wasserbedarf aus Obst und Gemüse, die ja größtenteils aus Wasser bestehen. Viele Rohköstler trinken auch Säfte, wobei darauf geachtet wird, diese schonend und aus frischem Obst oder Gemüse zu gewinnen. Beliebt ist außerdem der Saft von jungen Kokosnüssen. Daneben gibt es auch Rohköstler, die ab und zu Kräutertee oder zu besonderen Gelegenheiten einmal ein Glas Wein oder Sekt trinken. Regelmäßiger Alkoholgenuss sowie alkoholische Getränke, die nicht durch natürliche Gärung oder aber durch Erhitzen hergestellt werden, gehören in der Regel nicht zum Repertoire. Wer viele Trockenfrüchte, Rohkost-Cracker oder in ähnlicher Weise komprimierte Rohkost, der das Wasser entzogen wurde, zu sich nimmt, dem sei dringend empfohlen, stets ausreichend zu trinken oder sehr viel Frisches zu essen, um seinen Wasserhaushalt auszugleichen.

Fällt es denn nicht schwer, auf Süßigkeiten und Knabberzeug zu verzichten?

Die Frage nach Verzicht beinhaltet immer auch die Frage nach Alternativen. Es gibt eine Vielzahl rohköstlicher Alternativen, die sich, was Geschmack und Genuss betrifft, nicht verstecken müssen. Wer diesbezüglich vorsorgt und darauf achtet, dass er seine liebsten rohköstlichen Lebensmittel und Snacks immer zu Hause und auch unterwegs dabei hat, ist weniger versucht, auf Chips und Schokolade zurückzugreifen.

Schwierig wird die Situation häufig in Haushalten, in denen verschiedene Ernährungsformen gelebt werden. Wir sind in der Regel seit frühester Jugend auf die heutzutage übliche Ernährung programmiert worden, und so kann es sein, dass selbst überzeugte Rohköstler manchmal der Versuchung erliegen. Die Frage wäre: Ist das wirklich schlimm? Ich sage: Nein. Vielmehr wird jeder, der sich über eine gewisse Zeit von Rohkost ernährt hat, eher enttäuscht sein, wenn er nach längerer Abstinenz einmal wie-

Der „Ökologische Fußabdruck"

Dieser Begriff beschreibt den Bedarf an Fläche, um alle Ressourcen bereitzustellen, die ein Mensch mit seiner individuellen Art zu leben braucht. Dazu gehören neben den Flächen, die zur Produktion von Nahrung oder Kleidung genutzt werden, auch Flächen, die für die Energieproduktion, für den Abbau des vom Menschen produzierten Mülls oder zum Binden des von ihm produzierten Kohlendioxids benötigt werden. Der Ökologische Fußabdruck beschreibt somit den Ressourcenverbrauch des jeweiligen Menschen.

der zu einem herkömmlichen Snack greift. Häufig wird er feststellen, dass die Erinnerung daran schöner ist als die Realität.

Ist es teurer, sich von Rohkost zu ernähren?

Je nachdem, wie hoch der Anteil exklusiver Rohkost-Produkte ist, kann die Rohkost-Ernährung sehr billig, aber auch sehr teuer sein. Hochwertige Tropenfrüchte oder Nüsse aus biologischem Anbau in Rohkostqualität haben zweifellos ihren Preis. Vielfach sind sogar unbehandelte herkömmliche Produkte teurer, obwohl zu erwarten wäre, dass sie preisgünstiger wären. Bedingt durch den noch sehr kleinen Absatzmarkt für Rohkost-Produkte ist das leider kaum der Fall. Bestes Beispiel dafür sind Oliven: Sie werden gemeinhin in mehreren Arbeitsschritten entbittert, gefärbt und konserviert. Unbehandelte Oliven in Rohkostqualität, die diese

Genüsse aus dem Garten: die gelben Blüten von Taglilien, dazu frische Kräuter und süße Himbeeren.

Prozeduren nicht durchlaufen, kosten dennoch ein Vielfaches dessen, was die Standardware aus dem Supermarkt kostet.

Rohkost kann aber auch sehr günstig sein. Wer einen Garten sein Eigen nennt, kann sich daraus zu einem großen Teil selber versorgen. Wenn Sie regelmäßig Wildkräuter sammeln gehen, können Sie sich den Einkauf von Kräutern und teilweise auch Salat sparen. Auch lässt sich der Geldbeutel dadurch schonen, dass Sie sich entsprechend dem jahreszeitlichen Angebot mit regionalen Produkten eindecken. Und nicht zuletzt gibt es viele Produkte, die Rohköstler überhaupt nicht brauchen. Das Sortiment aus dem Feinkost-Laden etwa, insbesondere von der Fleisch-, Käse- oder Fischtheke, ist für sie nicht relevant. Umso mehr legen Rohköstler Wert auf Produkte aus biologischem Anbau.

Andererseits lässt sich die Rohkost-Ernährung, ebenso wie herkömmliche Ernährungsformen, auch ziemlich exklusiv betreiben. Wer spezielle Früchte, Leckereien wie Nussmus, Rohkost-Pralinen, Agavendicksaft oder andere Köstlichkeiten in Rohkostqualität kauft, kann dafür viel Geld ausgeben.

Letztendlich liegt die Entscheidung bei Ihnen. Mit einer gesunden Mischung aus bodenständigen Gartenprodukten, Wildpflanzen und exklusiven Leckereien muss Rohkost keineswegs teurer sein als eine herkömmliche Ernährung.

Durch Rohkost glücklich

Wir neigen dazu, alles zunächst überprüfen und hinterfragen zu wollen und erst in zweiter Linie auf unser Gefühl zu hören. Die Ernährung mit Rohkost sollte aber vor allem glücklich machen und nichts mit Verzicht oder gar Kasteiung zu tun haben. Ob es in jedem Fall 100 % Rohkost sein müssen oder ob jemand auch mit 70 % Rohkost glücklich und gesund sein kann, ist mehr eine Frage der individuellen Möglichkeiten und Ansprüche als eine Frage von richtig oder falsch. Diejenigen aber, die durch Rohkost ihre Zipperlein oder gar Krankheiten in den Griff bekommen und damit eine deutliche Steigerung ihrer Lebensqualität erfahren haben, beantworten die Frage, ob Rohkost sie glücklich mache, überwiegend mit einem eindeutigen „Ja".

Macht eine Rohkost-Ernährung Spaß?

Dieser Aspekt wird leider gerne vergessen, obwohl er unterm Strich wohl der Wichtigste sein dürfte. Rohkost macht definitiv Spaß, weil sie so viele Vorteile bietet: Die Zubereitung der Nahrung fällt jedem leicht, und wer darauf keine Lust hat, verzehrt die Ausgangsprodukte einfach direkt von der Hand in den Mund. Eine leckere Tomate oder ein sonnengereifter Pfirsich sind immer ein Genuss. Und trotzdem lässt diese Ernährungsform genügend Spielraum für leidenschaftliche „Köche". Die vielfältigen Möglichkeiten der Zubereitung

sind noch längst nicht alle bekannt oder ausgeschöpft und stehen daher jeder Phantasie offen.
Ein weiterer Vorteil: Das lästige Spülen fettverkrusteter Pfannen oder fettiger Grillteller entfällt. Dadurch, dass Rohkost zum größten Teil aus Wasser besteht, lassen sich Geschirr und die Geräte zur Zubereitung schon mit heißem Wasser sehr gut reinigen.
Nicht zu vergessen das psychologische Moment: Dem Verzehr von Rohkost folgt bei den meisten Menschen das Gefühl, etwas Gutes für ihren Körper getan zu haben, und dieses Gefühl, das auch Sportler bestens kennen, sorgt für Zufriedenheit.

Ist Rohkost für jeden geeignet?

Diese Frage kann hier so wenig beantwortet werden, wie das bisher die Medizin beantworten konnte. Auf jeden Fall ist Rohkost einen Versuch wert. Im Einzelfall wird sich dann zeigen, wie der Körper darauf reagiert. Was für den einen richtig sein mag, kann für den anderen weniger gut sein. Das wird auch in den vielen unterschiedlichen Konzepten zur Rohkost-Ernährung deutlich. Ernähren sich die einen hauptsächlich von Früchten in Kombination mit Wildkräutern, so sind andere Konzepte mehr von Gemüse oder besonderen Zubereitungsformen geprägt. Manche Rohkost-Konzepte beziehen Getreide in gekeimter oder geflockter Form mit ein, andere empfehlen das Hinzunehmen von gekochten Kartoffeln oder gekochtem Gemüse, wieder andere integrieren sogar Milchprodukte oder rohen Fisch und rohes Fleisch. In diesem Buch bleiben die zuletzt genannten Varianten unberücksichtigt, weil sie meines Erachtens der Gesundheit wenig zuträglich sind. Auch bei der herkömmlichen Ernährung mit Kochkost gibt es keine eindeutigen Regeln, sondern allenfalls Empfehlungen, die sich über die Jahre auch immer wieder verändern und an neue Erkenntnisse angepasst werden. Letztendlich gilt hier wie dort: Jeder esse das, was ihm persönlich nachhaltig guttut!

Verlockend, weil einfach, erscheint es vielen, einer absoluten Lehre zu folgen. Auch wenn viele Rohkost-Konzepte sich so darstellen, als wären sie der Weisheit letzter Schluss, kann keine dieser Lehren bisher für sich in Anspruch nehmen, sämtliche offenen Fragen geklärt und die endgültige Lösung gefunden zu haben. So muss doch jeder selbst, seinen eigenen Ansprüchen folgend und eigenverantwortlich, eine für ihn passende Ernährungsform finden.

Dieses Buch will allen Interessierten einen Überblick verschaffen und all jenen zum Einstieg verhelfen, die mit der Rohkost-Ernährung zwar liebäugeln, aber bisher keinen Zugang gefunden haben. Daneben soll es auf die Vorteile, die Sie durch gelebte Praxis erfahren können, hinweisen. Mithilfe der Rezepte können Sie ganz praktisch und leicht für mehr rohköstlichen Genuss auf dem Teller sorgen.

Rohkost für Kinder?

Tipp

Wer für die Ernährung von Kindern zuständig ist, sollte sich ausführlich informieren und auf eine ausgewogene Ernährung achten. Obgleich es einigen langjährigen Rohköstlern zu gelingen scheint, ihre Kinder ausschließlich mit Rohkost bestens zu ernähren, ist es wichtig, den guten Gesundheitszustand der Kinder und ihre altersgerechte Entwicklung stets im Auge zu behalten. Das gilt bei einer Ernährung mit Rohkost ebenso wie bei jeder anderen Ernährungsform.

Rohkost ist nicht gleich Rohkost

Wie schon erwähnt, sind die Variationen der Rohkost-Ernährung zahlreich und die verschiedenen Stilrichtungen zum Teil sehr ausgeprägt. Allerdings ist die Rohkost keine Erfindung der modernen Ernährungswissenschaften oder gar der Medizin (siehe auch S. 21). Die meisten Rohkost-Richtungen basieren auf der Überzeugung ihrer Begründer, unter anderem auf der Annahme, dass alles Natürliche gut für unsere Gesundheit und alles Unnatürliche abzulehnen sei.

Wer sich eingehender mit den verschiedenen Theorien der Begründer klassischer Ernährungsformen auf der Basis von Rohkost auseinandersetzen möchte, findet dazu bei Semler (2006) umfangreiche Informationen und weiterführende Literaturangaben. Hinweise auf Literatur zu verschiedenen modernen Rohkost-Richtungen finden Sie auf Seite 143.

Vor allem für Informationen zu den heute aktuellen Rohkost-Richtungen ist auch das Internet eine schier unerschöpfliche Quelle. Unter den Stichworten „Rohkost" oder „Raw Food" finden Sie hier auch Fotos unzähliger Rohkostgerichte, die zu neuen Zubereitungsformen inspirieren. In Foren treffen Neulinge auf Erfahrene und Gleichgesinnte. Aus all den verschiedenen Empfehlungen, die es dort und in der Literatur zu finden gibt, kann sich jeder seine individuelle Form der Rohkost zusammenstellen.

Rohkost nach Lust und Laune

Dieses Buch versucht neben dem Spaß und der Abwechslung bei der Ernährung mit Rohkost und Wildpflanzen die Ideen der Urkost, wie sie von Franz Konz begründet wurde, zu berücksichtigen. Diese Urkost empfinde ich persönlich als natürlichste und konsequenteste Form der Rohkost-Ernährung. Eine Ernährung, die zwar auf Rohkost basiert, aber keine Wildpflanzen mit ihrem hohen Gehalt an Inhaltsstoffen verwendet, scheint mir nicht geeignet, um den Körper dauerhaft gesund zu ernähren.

Besonders wichtig finde ich es, die Rohkost mit Spaß und Vergnügen anzugehen. Dazu gehören für den einen Smoothies, für den anderen roher Kakao und für wieder andere ein deftiges Gemüsegericht. Puristen stehen auf einfache Kombinationen, beispielsweise exotische Früchte wie Durian oder Jackfruit mit Wildkräutern – jeder kann nach seiner Rohkost-Fasson selig werden.

Essbare Wildpflanzen gehören dazu

Wir Menschen brauchen Pflanzen. Schon in grauer Vorzeit, vor Millionen von Jahren, hat sich der Urmensch von dem ernährt, was wir heute als essbare Wildpflanzen bezeichnen.

Es wird angenommen, dass die Sammler in der Steinzeit nur 3 Stunden täglich aufwenden mussten, um die Menge an Pflanzen, die zu ihrer Ernährung ausreichte, zu sammeln. Ursprünglich wurde nicht in Kulturpflanzen und Wildpflanzen unterschieden, denn erst mit der Sesshaftwerdung des Menschen ab etwa 6000 v. Chr. wurde Ackerbau und Viehzucht betrieben. Allerdings vollzog sich dieser Schritt nicht von heute auf morgen, es dauerte etwa weitere 2000–4000 Jahre, bis sich der Ackerbau durchsetzte. Angebaut wurde zunächst vor allem Getreide,

man erntete und verzehrte aber ebenso die Ackerunkräuter. In 3000 Jahre alten Siedlungen wurden die Reste von über 300 Wildpflanzenarten gefunden.
Die ersten Bauerngärten waren einfache Nutzgärten, geprägt von Gemüsepflanzen. Was aber problemlos auch außerhalb wuchs, holte man nur selten in diese Gärten hinein.
Um 800 n. Chr. erließ Kaiser Karl der Große für seine Landgüter eine Verordnung namens „Capitulare de villis", in der er 89 Nutzpflanzen aufführte, die dort angebaut werden sollten. Die Pflanzenliste umfasste neben Heilpflanzen auch essbare Wildpflanzen, darunter z. B. Wegwarte, Wilde Malve und Haselnuss.
Noch bis ins späte Mittelalter hinein waren Wildpflanzen neben den angebauten Kulturfrüchten ein wichtiger Bestandteil der täglichen Ernährung. In den darauffolgenden Jahrhunderten wurde das Sammeln und Verwerten von Wildpflanzen vor allem in von Krieg und Hungersnöten geprägten Zeiten immer wieder aktuell und notwendig. Hierzulande war die Bevölkerung zuletzt in den Nachkriegsjahren des Zweiten Weltkriegs darauf angewiesen, Brennnesseln, Löwenzahn, Bucheckern oder

Gemüse oder Unkraut?

Was ursprünglich Gemüse war, wird heute oft als Unkraut bekämpft. Bestes Beispiel dafür ist die Karotte, deren Wurzel in ihrer Urform wesentlich kleiner, dünner und nur leicht gelblich gefärbt ist. Beide Pflanzen – die Wilde Möhre und die Gemüsekarotte – gehören botanisch zur selben Art, nämlich *Daucus carota*. Die gezüchteten Varianten tragen zusätzlich noch einen Sortennamen. Während *Daucus carota* also auf der Wiese wächst, landen *Daucus-carota*-Sorten in vielen verschiedenen Farben, Formen und Größen auf dem Teller.

wilden Feldsalat in großen Mengen zu sammeln. Auch Arme und Mittellose nützten früher Wildpflanzen und Wildobst, um ihre Nahrung anzureichern. Von dieser Kultur des Sammelns ist nicht viel übrig geblieben, lediglich das Sammeln von Beeren oder Pilzen als Freizeitvergnügen.

Der wesentliche Unterschied zwischen Kulturpflanzen und essbaren Wildpflanzen entstand durch gezielte Vermehrung besonders nützlicher, also beispielsweise ertragreicher oder wohlschmeckender Pflanzen. Seit der Steinzeit bis in die neueste Zeit hinein wurde so Pflanzenzüchtung in Form von Auslese betrieben.

Von manchen Kulturpflanzen sind heute keine Ur-Arten mehr vorhanden, andere Gemüse- oder Obstsorten entstanden erst durch Kreuzung, wie beispielsweise der Kohlrabi.

Aus Feld, Wald und Wiese in die gehobene Küche

Heutzutage sind essbare Wildpflanzen durchaus keine Armenspeise mehr, sondern zum Teil sogar besonders exklusiv. Sie werden gerne in der gehobenen Küche verwendet, und unter anderem verdanken sie dieser Tatsache das große Interesse an ihnen. In der Gastronomie werden Wildpflanzen jedoch häufig auch gekocht, was ihren eigentlichen Vorteil, den hohen Gehalt an Inhaltsstoffen, schmälert.

Wer nicht selber sammeln will, der kann sich die Pflanzen bestellen, zum Beispiel über das Internet. Es gibt immer mehr spezialisierte Gärtnereien mit eigenem Anbau oder vielmehr eigener Sammelfläche oder auch Firmen, die sich auf das Sammeln und Verschicken von essbaren Wildpflanzen spezialisiert haben. Die zum Teil hohen Preise bis 80 EUR/kg resultieren aus dem Zeitaufwand für das Sammeln der Kräuter, rühren aber auch daher, dass sich nur wenige Kräuterexperten mit Wildpflanzen auskennen.

Nahrungs- oder Heilpflanze?

Paracelsus (1493–1541) sagte dazu: „Alle Dinge sind Gift, und nichts ist ohne Gift; allein die Dosis macht, dass ein Ding kein Gift ist."
Während sich Heilpflanzen dadurch auszeichnen, dass ein oder mehrere Inhaltsstoffe in hoher Konzentration darin vorliegen, sind die Inhaltsstoffe der essbaren Wildpflanzen in der Regel nicht so hoch konzentriert, dass eine extreme Wirkung erzielt werden könnte. Zu den pharmazeutisch genutzten Pflanzen gehören auch viele giftige Pflanzenarten, etwa Efeu oder der Rote Fingerhut. Daneben gibt es Pflanzen, die sowohl als Heilpflanze wie auch als essbare Wildpflanze geschätzt werden und vor allem volksmedizinisch und in der Naturheilkunde häufig genutzt werden, wie zum Beispiel der Spitz-Wegerich.

Essbare Wildpflanzen in der Ernährung

Hippokrates (460–370 v. Chr.) wird folgender Satz zugeschrieben: „Eure Nahrungsmittel sollen eure Heilmittel und eure Heilmittel sollen eure Nahrungsmittel sein!" Dioskurides, ein griechischer Arzt, verfasste im 1. Jh. n. Chr. mit seiner „Materia medica" das damals wichtigste Werk über Heilmittel. Er beschreibt darin unter anderem Gemüsearten und Kräuter jeweils mit ihrer gesundheitlichen Wirkung, darunter auch zahlreiche essbare Wildpflanzen. Zur Brunnenkresse merkt er an, dass sie wärmend und harntreibend wirkt und auch roh gegessen wird. Die Melde beschreibt er als Kochgemüse, deren Samen, mit Honigmet getrunken, die Gelbsucht heilen soll. Auch die Lehre der Hildegard von Bin-

gen (1098–1179) verdeutlicht die beiden Eigenschaften von Pflanzen als Heil- und Nahrungspflanzen. Heute geht der Trend manchmal in die andere Richtung: Nicht selten gerät eine traditionell verwendete Heilpflanze oder eine als Gemüse oder Salat gebräuchliche Wildpflanze in Verruf, weil ein daraus isolierter Inhaltsstoff im Tierversuch unter Laborbedingungen Schäden hervorruft. So wird etwa aufgrund sogenannter Pyrrolizidinalkaloide, die im Verdacht stehen, Leberschäden auszulösen, heute die innerliche Anwendung von Beinwell und Huflattich nicht mehr uneingeschränkt empfohlen. An diesem Punkt aber scheiden sich die Geister. Denn ob die Ergebnisse von Laborexperimenten mit einzelnen isolierten Inhaltsstoffen wirklich mit der Wirkung, die eine Pflanze in ihrer Gesamtheit

Wildpflanzen im April: Löwenzahn, Giersch, Ahornblüten, Rote Taubnessel, Vogelmiere, Lindenblätter und Brennnesseln.

ten fehlen häufig Gerb-, Bitter- oder andere Inhaltsstoffe von gesundheitlichem Wert. Hunger ist heute kein Anreiz mehr, um unbekannte Gerichte zu probieren. Fastfood schmeichelt dem Gaumen, durch Technologie und Chemie aufbereitete Lebensmittel verführen zu ungesundem Essen.

auslöst, vergleichbar sind, ist noch fraglich.

Die Vielseitigkeit der ursprünglichen Ernährung der Menschen, die vor allem aus verschiedenen Wildpflanzen bestand, steht im Gegensatz zu heutigen Ernährungsgewohnheiten: Das jahreszeitlich wechselnde Sortiment an Kräutern, Wurzeln, Früchten und Nüssen ist heutzutage in diesem Maß nicht mehr gegeben. Anstelle einer durch die Natur bedingten Fastenzeit im Winter ist heute eine reichhaltige, oftmals aber inhaltsstoffarme, durch Festtage und kalorienreiche Nahrungsmittel geprägte Winterkost getreten. Obst und Gemüse sind heute zwar das ganze Jahr über erhältlich, doch weit weniger „gehaltvoll" als früher. Im Vergleich zu Wildpflanzen sind Salat, Gemüse und Obst infolge der Veränderung durch Züchtung nicht alleine ausreichend, um den Bedarf an allen essentiellen Nährstoffen zu decken. Weil die vorrangigen Ziele der Züchtung beispielsweise Krankheitsresistenz, Haltbarkeit, milder Geschmack oder ein hoher Ertrag waren und sind, blieben die Inhaltsstoffe auf der Strecke. Hinzu kommt, dass es einige wenige Obst- und Gemüsesorten sind, die vorwiegend verzehrt werden. Obgleich auch alte Gemüsesorten wie Topinambur, Grünkohl oder Schwarzwurzeln heute wieder erhältlich sind, kennen die meisten Kinder nur Tomaten und Gurken oder Paprika. Den milden und eingängigen Obst- und Gemüsesor-

Wildpflanzen in der modernen Küche

In der dem Zweiten Weltkrieg folgenden Zeit des Wirtschaftswunders war man zunächst einmal froh, auf Brennnesselspinat und Bucheckernöl verzichten zu können. Erst in den 70er-Jahren – mit dem Interesse an fremden Küchen und der Neuerfindung des Kochens als „Nouvelle Cuisine" – kam der Trend zum Würzen mit Kräutern auf. Was in südlichen Ländern rund ums Mittelmeer an Wildpflanzen genutzt wurde, kam bei uns zunächst als exotisches Gewürz auf den Tisch. Dabei waren die Kräuter, die

Das Ganze ist mehr als die Summe seiner Teile

Während zur Herstellung von Arzneimitteln einzelne Inhaltsstoffe von Pflanzen isoliert und aufbereitet werden, basiert die Ernährung mit essbaren Wildpflanzen auf dem Zusammenwirken sämtlicher in ihnen enthaltener Substanzen. Deshalb bleiben die Aspekte der Wirkung einzelner Inhaltsstoffe auf körperliche Funktionen für Rohköstler weniger beachtenswert. Vielmehr kann in der vielseitigen und abwechslungsreichen Ernährung mit Wildpflanzen der Vorteil gesehen werden, dem Körper alle zur Gesunderhaltung notwendigen pflanzlichen Inhaltsstoffe zur Verfügung zu stellen, um einem Auftreten von Krankheiten vorzubeugen – ganz im hippokratischen Sinne.

Kultur- und Wildgemüse im Vergleich

	Wasser	Kalium	Phos-phor	Magne-sium	Kal-zium	Eisen	Vita-min C	Provitamin A	Rein-eiweiß
	(in %)			(mg/100 g)				(µg/100 g)[1]	(g/100 g)
Kulturgemüse	91,9	343	48,9	20,6	63,7	1,4	47,4	253	1,3
Wildgemüse	84,6	584	82	60	238	4,1	209	588[2]	4,55

[1] µg Retinoläquivalente in 100 g
[2] ohne Karotten
Mittelwerte aus verschiedenen Gemüse- und Wildpflanzenarten, ermittelt im essbaren Anteil, Angaben nach Franke (1987) in Fleischhauer (2005)

vorwiegend verwendet wurden, dort heimische Wildkräuter wie Rosmarin, Oregano und Majoran. Sie fanden mit den Gastarbeitern und der Eröffnung der ersten Pizzerias ihren Weg auf unsere Teller. Schnell war eine neue Kräuterküche geboren, die das triste Einerlei von Petersilie und Schnittlauch ablöste. Die Wildkräuter aus Südeuropa und später auch aus Asien öffneten so auch die Tür zur Rückbesinnung auf die „guten alten" heimischen Kräuter. Bis allerdings Bärlauch und Sauerampfer boomten, dauerte es bis in die 90er-Jahre. Mittlerweile verwenden viele renommierte Küchenchefs neben den üblichen Küchenkräutern auch essbare Wildpflanzen in ihren Gerichten.
Weil Wildpflanzen reich an Inhaltsstoffen sind, sind sie den Kulturpflanzen in ihrer positiven Wirkung auf unsere Gesundheit überlegen. Wildpflanzen zeichnen sich nicht nur durch einen höheren Gehalt an Mineralstoffen, sondern auch durch einen höheren Gehalt an Eiweiß, Ballaststoffen, Vitaminen und Sekundären Pflanzeninhaltsstoffen aus.

Im direkten Vergleich bestimmter Wildpflanzenarten mit Gemüse oder Salat sind die Unterschiede im Gehalt an einzelnen Inhaltsstoffen noch eindrucksvoller. So enthält die Vogelmiere über zehnmal soviel Vitamin C wie der Endiviensalat, nur Rosenkohl und Brokkoli bringen es auf ähnliche Werte. Der Gehalt an Eisen in der Vogelmiere bleibt vom Gemüse unerreicht. Sie enthält doppelt soviel davon wie Spinat. Das Franzosenkraut bringt es sogar auf mehr als die dreifache Menge vom Spinat.
Das Zusammenspiel der einzelnen Inhaltsstoffe bringt zusätzlichen Gewinn. So gehen etwa manche Wissenschaftler davon aus, dass Kalzium aus pflanzlicher, chlorophyllhaltiger Nahrung vom menschlichen Organismus besser verwertet werden kann als Kalzium anderer Herkunft, weil unter anderem das im Chlorophyll enthaltene Magnesium die Aufnahme von Kalzium verbessert.

Gesund durch Rohkost

Naturkräfte und Pflanzeninhaltsstoffe unterstützen unsere Bemühungen um Gesundheit. Nutzen auch Sie diese Kräfte und erfahren Sie Hilfe aus der Natur!

Was die Pflanzen, ob nun wild wachsend oder als Kulturobst und -gemüse gezogen, an Gutem für uns bereithalten, ist ungemein vielfältig. Wir müssen es nur nutzen. Ihre zahlreichen Inhaltsstoffe, in einem ausgewogenen Verhältnis genossen, vermögen unseren Organismus in seinen Funktionen auf natürliche Weise zu unterstützen und gesund zu erhalten.

Was die Wissenschaft sagt

Die Erfahrungen der Begründer und Verfechter der Rohkost hat der Ernährungswissenschaftler Edmund Semler (2006) in seiner Dissertation zusammengetragen. Er unterscheidet dabei die traditionelle Rohkostbewegung der 1920er- und 1930er-Jahre von der modernen Rohkostbewegung, die um 1980 entstand und bis heute währt. Während es zur Zeit der traditionellen Rohkostbewegung vor allem Ärzte und Wissenschaftler waren, die sich mit den Wirkungen der Rohkost beschäftigten, wurden die heutzutage existierenden Rohkost-Richtungen größtenteils von Laien begründet, zum Teil allerdings auf der Basis der Erfahrungen aus der traditionellen Rohkostbewegung. Aus den Veröffentlichungen der Ärzte im letzten Jahrhundert hat Semler (2006) eine Liste mit Indikationen für

Rohkost erstellt, auf der sich so unterschiedliche Beschwerden finden wie rheumatische Erkrankungen, Hautkrankheiten, Übergewicht und Fettleibigkeit, Herz-Kreislauf-Erkrankungen, Diabetes mellitus Typ II (inklusive Folgeschäden), Nierenerkrankungen, Multiple Sklerose, Leber- und Gallenerkrankungen, Asthma bronchiale, Kopfschmerzen und Migräne, Grüner Star, nervöse Störungen, Neuralgien, Mandelentzündung, Morbus Basedow (Autoimmunerkrankung der Schilddrüse), vegetative Störungen in den Wechseljahren, fieberhafte Zustände und Durchblutungsstörungen.

Die Gießener Rohkoststudie (Strassner 1998) kam dagegen zu dem Schluss, dass eine reine Ernährung mit Rohkost nicht zu empfehlen sei, insbesondere nicht für sogenannte Risikogruppen wie Schwangere, Stillende, Kinder und ältere Menschen. Semler, der 2003 einen Teil der ehemaligen Teilnehmer dieser Studie nochmals befragte, schreibt dazu: „Wie hoch der Anteil an unerhitzter Nahrung in einer gesund erhaltenden Dauerernährung sein soll, muss jeder nach eigenem Ermessen entscheiden." Der Aspekt der Rohkost als Dauerernährung ist aus ernährungsmedizinischer Sicht aber durchaus interessant. Angesichts der drastischen Zunahme ernährungsbedingter chronischer Krankhei-

Avocados schmecken nicht nur lecker, sie sind zudem für Rohköstler besonders wertvolle fetthaltige Früchte.

Superfood?

In der Regel wurden bei Laboruntersuchungen sogenannter Superfood-Pflanzen (siehe S. 24) bestimmte Inhaltsstoffe mit besonderer gesundheitlicher Wirkung in bemerkenswerten Mengen gefunden, beispielsweise spezielle Proteine, Vitamine, Antioxidantien oder Omega-Fettsäuren. Häufig handelt es sich bei diesen Superfoods um pflanzliche Produkte, die regional schon immer als Heil- oder Lebensmittel verwendet wurden, seien es die Goji-Beeren in China oder die Früchte des Noni-Baumes in Südostasien.
Ich meine: Da unsere heimischen Pflanzen ebenfalls zahlreiche gesunde Inhaltsstoffe aufzuweisen haben, sind Weißkohl und Heidelbeeren, Hagebutte und Gundelrebe auch „Supernahrung".

ten wäre es wichtig, die Wirkungen der Rohkost als Therapie in klinischen Studien zu prüfen. Es liegt eine Vielzahl an positiven ärztlichen Erfahrungsberichten vor, die hier als Grundlage dienen könnten." (Semler 2008/1)

Jeder, wie es ihm guttut

Ich meine: Bei der Entscheidung, eine bestimmte Ernährungsform zu praktizieren, sollte im Vordergrund immer die persönliche Gesundheit und das ganz persönliche Wohlergehen stehen. Überall da, wo die Wissenschaft nicht weit genug ist, um Fragen eindeutig zu beantworten, zählt die persönliche Erfahrung mehr als jede verallgemeinernde Theorie.

Inhaltsstoffe und ihre Wirkung

Die Inhaltsstoffe von Pflanzen als Grundlage unserer Nahrung sind verschiedenartig und zahlreich. Und genau diese Vielfalt ist es, die wir brauchen.

Als energieliefernde Hauptnährstoffe werden Kohlenhydrate, Fette und Proteine bezeichnet.

Kohlenhydrate liefern Energie in Form von Zucker und Stärke. Pflanzen enthalten außerdem viele Ballaststoffe, das sind unverdauliche Kohlenhydrate, die zu den sogenannten funktionellen Pflanzeninhaltsstoffen gezählt werden. Schleimstoffe, Pektine, Inulin und Cellulosen gehören in diese Gruppe. Sie speichern Wasser und regen die Darmtätigkeit an.

Fette sind wichtige Energielieferanten. Sie sind vor allem in Nüssen, Samen oder in Fettfrüchten wie Avocados enthalten.

Proteine sind Eiweißstoffe, die der Körper für den Zellaufbau, den Transport von Stoffen, die Steuerung von Prozessen (Enzyme, Hormone) und viele weitere Aufgaben benötigt. Nüsse und Hülsenfrüchte enthalten viel Eiweiß, aber auch Samen oder die Blätter der Brennnessel sind reich an Protein.

Vitamine liefern dem Körper zwar keine direkte Energie, sind für sein Funktionieren aber unverzichtbar. Man unterteilt sie in fettlösliche (Vitamin A, D, E und K) und wasserlösliche Vitamine (Vitamin C, Vitamin B_1, B_2, B_6, B_{12}, Nia-

cin, Folsäure und Pantothensäure).

Mineralstoffe zählen wie die Vitamine zu den zwar nicht energieliefernden, aber dennoch lebenswichtigen Substanzen. Zu ihnen gehören Natrium, Kalium, Kalzium, Phosphor und Magnesium, die allesamt in größeren Mengen in Pflanzen vorhanden sind. Daneben finden sich im Pflanzengewebe in wesentlich geringerer Konzentration sogenannte Spurenelemente, etwa Eisen, Zink, Selen, Jod oder Fluor.

Sekundäre Pflanzeninhaltsstoffe stellen eine weitere wichtige Gruppe von Substanzen dar. Zu ihnen gehören beispielsweise Alkaloide, Glucosinolate, Glykoside, phenolische Verbindungen, Terpene und andere mehr. Viele Tausende dieser Stoffe wurden bisher erforscht, an die hunderttausend – so wird vermutet – könnte es davon geben. Sekundäre Pflanzeninhaltsstoffe werden von Pflanzen gebildet, um ganz spezielle Aufgaben wahrzunehmen. Es kann sich zum Beispiel um Farbstoffe handeln, welche Tiere zur Bestäubung anlocken oder die Pflanze vor starker Strahlung schützen. Gerbstoffe etwa können unter anderem der Abwehr von Schädlingen dienen. Viele Sekundäre Pflanzeninhaltsstoffe können allerdings auch für uns Menschen von Bedeutung sein. Beispielsweise können Pflanzenhormone wie die Phytoöstrogene des Roten Wiesenklees nachweislich die Wechseljahrsbeschwerden der Frauen mildern oder Anthocyan-Farbstoffe aus Heidelbeeren gegen Nachtblindheit und bei entzündlichen Darmerkrankungen helfen. Senföle haben in der Regel antibiotische Wirkung, Gerbstoffe können Entzündungen hemmen und Flavonoide wirken unter anderem zellschützend und durchblutungsfördernd. Zahlreiche toxische und rauscherzeugende Inhaltsstoffe sind in der Gruppe der Alkaloide zu finden. Die Liste wäre noch lang, wollte man alle Wirkungen aufzählen.

Nahrungsergänzungsmittel – notwendig oder nicht?

Ob die Versorgung des Körpers mit allen notwendigen Nährstoffen gesichert werden kann, hängt davon ab, welche Auswahl an Nahrungsmitteln getroffen wird. Ein Mangel an Nährstoffen kann bei Rohköstlern vorkommen, besonders wenn Vorschädigungen oder Krankheiten vorhanden sind, aber auch wenn die Auswahl einseitig oder besonders restriktiv erfolgt. Es sollte aber nicht vergessen werden, dass Mangelerscheinungen ebenso bei sogenannter

„normaler" Ernährung auftreten können. Rohköstler haben meistens ein besonderes Bewusstsein für ihren Körper und ihre Ernährung entwickelt und versuchen ihre Ernährung dem Bedarf des Körpers anzupassen. Dies zeigt sich auch in dem Bestreben, optimale Nahrungsmittel zu finden. Bei uns noch im Entstehen, gibt es in Amerika bereits einen großen Markt für Lebensmittel, die als **Superfood** bezeichnet werden. Dazu zählen auch Produkte wie rohe Kakaobohnen, Goji-Beeren, Algen, Fruchtpulver und Mark exotischer Früchte oder pulverisierte Wurzeln – alles in Rohkostqualität.

Eine abwechslungsreiche Kost, zu der ausreichende Mengen an frischen, inhaltsstoffreichen Wildkräutern, an fetthaltigen Nüssen, an Samen und frischen Früchten gehören, braucht keine Ergänzung durch exotische Superfoods, um den Bedarf des Körpers an Nährstoffen zu decken. Allerdings kann es auch einfach Spaß machen, aus diesem reichhaltigen Zusatzangebot zu schöpfen und den Speisezettel damit zu bereichern. Dabei sollte jedoch auf die Qualität und vor allem die schonende Herstellung solcher Produkte geachtet werden. In aufwändigen und hitzeintensiven Verarbeitungsprozessen hergestellte Nahrungsergänzungsmit-

Das Gute in der Schale

Tipp

Zahlreiche Vitamine und viele Sekundäre Pflanzeninhaltsstoffe sind bei Obst und Gemüse in oder nahe der Schale zu finden. Obst und Gemüse sollten Sie daher, wann immer möglich, mitsamt der Schale verzehren.

tel, seien sie auf der Basis von Obst und Gemüse, seien es Trockenalgen oder Kräuterextrakte oder gar isolierte Inhaltsstoffe, gehören jedenfalls nicht zur Rohkost-Ernährung und können nicht das bieten, was frische Pflanzen bieten können.

Zubereitung

Durch das Verarbeiten von Obst und Gemüse und speziell durch das Kochen werden eine Vielzahl von Inhaltsstoffen verändert oder gehen verloren. So kann ihre gesundheitliche Wirkung nicht mehr vollständig genutzt werden, und manche Inhaltsstoffe können sogar so verändert werden, dass sie sich negativ auf den Organismus auswirken. Als erwiesen gilt, dass durch das Kochen einige Vitamine, Enzyme und Sekundäre Pflanzeninhaltsstoffe zerstört, Proteine modifiziert und denaturiert und Ballaststoffe in ihrer Wirksamkeit gemindert werden. Vitamin C ebenso wie Vitamin B_1 und B_2, Pantothensäure (B_5) und Folsäure ($B_{9/11}$) gelten als ausgesprochen hitzeempfindlich. Durch Auslaugung des Garguts können auch Mineralstoffe beim Kochen verloren gehen. Doch damit nicht genug. Schon die Lagerung und das Zubereiten von Obst, Gemüse und Wildpflanzen

können zum Verlust wertvoller Inhaltsstoffe führen. So werden manche, etwa die Folsäure, auch durch Sauerstoff und Lichteinwirkung abgebaut. Daher gilt grundsätzlich: Bereiten Sie das, was Sie essen wollen, möglichst schonend zu und verzehren Sie es stets so frisch wie möglich.

Richtig Essen

Sollen all die wertvollen Inhaltsstoffe vom Körper genutzt werden können, muss die Nahrung ausreichend zerkleinert werden. Richtiges Kauen steht dabei an erster Stelle. Bereits im Mund beginnen im Speichel enthaltene Enzyme, die Nahrung zu verdauen. Das Kauen sorgt außerdem dafür, dass der Darm mit der Produktion von Verdauungssäften beginnt. Dies zeigten Versuche mit Patienten, deren Darm für eine Operation stillgelegt wurde und denen nach der OP Kaugummikauen verordnet wurde, um den Darm wieder zu aktivieren (Purkayastha et al. 2008).

Tipp

Heilerde, auch Tonerde oder Mineralerde genannt, ist fein vermahlener Löss, der innerlich und äußerlich angewendet werden kann. Heilerde kann als *das* Heil- und Pflegemittel für Rohköstler schlechthin bezeichnet werden. Feine grüne Heilerde können Sie auch innerlich anwenden, beispielsweise bei Übersäuerung, Magen- und Darmverstimmungen, bei Infektionen oder beim Fasten. Lösen Sie das Pulver dazu entweder in Wasser auf und trinken Sie es oder speicheln Sie es direkt im Mund intensiv ein.

Persönliche Erfahrungen

Nicht nur ernste Erkrankungen, auch die kleinen Zipperlein, die sich ab einem bestimmten Alter bemerkbar machen, bringen Menschen auf die Idee, ihre Ernährung zu ändern.

So war es auch in meinem Fall: Eine ernst zu nehmende Anämie gab den Anstoß. Durch die Umstellung der Ernährung auf Rohkost änderte sich tatsächlich allerhand. Nach wenigen Wochen schon war ich nicht mehr ständig müde, und die verloren gegangene Antriebskraft kehrte zurück. Es änderten sich aber auch Dinge, mit denen ich gar nicht gerechnet hatte: So hatte ich etwa nicht mehr mit trockener Haut zu kämpfen, und mein Körper erschien mir weniger „verschleimt". Von Bronchitis und Nebenhöhlenentzündung Geplagte wissen, wovon ich spreche. Auch morgendliche Schwellungen an den Fingern und Ödeme unter den Augen traten nicht mehr auf. Der Heuschnupfen, der mir über 10 Jahre lang zur Blütezeit von Hasel, Erle und Birke jeden Aufenthalt in der Natur vermieste, verschwand. Tränende Augen und laufende Nase waren passé, und ich konnte wieder Äpfel und Nüsse essen. Eine Untersuchung beim Hausarzt ein Jahr später ergab keinerlei Anzeichen von Blutarmut mehr, und das, obwohl ich schon seit Beginn der Rohkost-Ernährung auf Eisenpräparate verzichtet hatte. Eineinhalb Jahre später gratulierte mir mein Zahnarzt zur ersten Kontrolluntersuchung ohne Befund – ein für mich ganz neues Erlebnis. Rohkost und Wildpflanzen zeigten also ihre Wirkung.

Gelüste bleiben nicht aus

Wie es aber viele Rohköstler erleben, dauerte es auch bei mir nicht lange, bis alte Gelüste nach Pizza und Pasta, nach Schokolade und Kuchen wieder erwachten. Weil ich es genau wissen wollte, habe ich mehrfach ausprobiert, was passiert, wenn ich dem Drang zur konventionellen Kost nachgebe. Das Ergebnis war eindeutig: Alle Unannehmlichkeiten, die ich vor der Umstellung auf Rohkost kannte, kehrten auf der Stelle zurück. Die Reaktionen waren zwar zunächst nicht sehr heftig, aber ich bekam eine Ahnung davon, wie es wieder werden könnte. Das unverzügliche Laufen der Nase, ein typisches Zeichen für eine Unverträglichkeit, konnte ich ebenso beobachten wie eine Zunahme der Anfälligkeit gegenüber Infekten.

Regulierung des Körpergewichts

Eine weitere positive Veränderung, die infolge der Umstellung der Ernährung auf Rohkost und essbare Wildpflanzen erfahrbar wird, ist die Veränderung des Körpergewichts: Nicht nur eine Reduzierung von Fettpölsterchen ist möglich, es wird auch eine Gewichtszunahme bei untergewichtigen Personen beobachtet.

Natürlich kehrten Heuschnupfen und Anämie nicht schon wegen kleinerer Ernährungsausnahmen zurück, aber ein Winter, in dem ich allzu oft der Versuchung erlag, bescherte mir nachfolgend prompt ein „reizendes" Frühjahr.

Vielfältige Wirkungen

Dass sich durch vermehrten Verzehr von Rohkost die Verdauung verbessert, erscheint fast selbstverständlich, aber auch Menschen mit chronischen Darmerkrankungen berichten von einer deutlichen Verbesserung oder dem gänzlichen Abklingen ihrer Symptome. Die Haut als ein Organ, welches sein Befinden oft sichtbar nach außen trägt, reagiert auf die Ernährung sehr schnell. Vor allem Mütter von Kindern mit empfindlicher Haut berichten häufig von positiven Veränderungen auch bei schwerer Neurodermitis. Positives bekommt man auch von Aknegeplagten zu hören, ebenso von Menschen, die immer wieder unter Furunkeln und Abszessen zu leiden haben. Auch Diabetiker erleben die positiven Wirkungen der Rohkost, einige schildern, sie könnten sogar auf die Zufuhr von Insulin nach der Umstellung ihrer Ernährung auf Rohkost mit Wildpflanzen verzichten. Die persönlichen Erfahrungen praktizierender Rohköstler sind vergleichbar mit denen jener Ärzte, welche im vergangenen Jahrhundert die Rohkost als Ernährungstherapie eingesetzt haben. Berichte über die Linderung oder Heilung von Beschwerden wie Kopfschmerzen, Verspannungen, Gelenkschmerzen, Migräne, Schlafstörungen, Warzen und andere Hauterkrankungen sowie Pilzinfektionen, Schuppen und Juckreiz bis hin zu hormonellen Störungen und Allergien sind zahlreich. Nicht zuletzt

Krankheiten vorbeugen

Bei allen Erfolgen, die eine Ernährungsumstellung bringen kann, sollten wir nicht vergessen, dass es vor allem der Vorbeugung von Krankheiten dienlich ist, sich so gesund wie möglich zu ernähren. Wenn Krankheiten bereits zu irreversiblen Zerstörungen von Organen oder Körperfunktionen geführt haben, kommt die Ernährungsumstellung zu spät und kann allenfalls noch eine Verschlimmerung aufhalten.

gehört auch die Besserung von Depressionen, Ängsten und anderen psychischen Beschwerden zum Repertoire der Erfahrungen mit dieser Ernährungsform.

Auch wenn nicht alle ihre Ernährung vollständig umstellen – diejenigen, die einmal einen Versuch mit Rohkost und Wildpflanzen unternommen haben, finden es meistens erstaunlich, wie sie durch diese Art sich zu ernähren zu einem besseren Körpergefühl, aber auch zu einem allgemein verbesserten Selbstwertgefühl gefunden haben. Doch wohlgemerkt: Alle hier zu lesenden Schilderungen beruhen entweder auf meinen persönlichen Erfahrungen oder auf den Mitteilungen anderer Rohköstler. Sicherlich könnten hier noch unzählige weitere Beispiele aufgeführt werden, und auch Verbesserungen bei schwerwiegenden Krankheiten gehören dazu. An dieser Stelle sei jedoch noch einmal nachdrücklich darauf hingewiesen, dass es sich bei den oben aufgeführten um ganz persönliche Erfahrungen handelt. Medizinische Aussagen sollen und können in diesem Rahmen nicht getroffen werden.

Rohkost im Alltag

Was in der Theorie schwierig erscheinen mag, ist in der Praxis ganz einfach. Probieren Sie es aus!

Durchhalten und Spaß haben

Aller Anfang ist schwer? Das muss nicht sein. Nehmen Sie es leicht! Fehltritte sind kein Beinbruch. Und Gelüste können Sie auch ganz rohköstlich befriedigen.

Rohkost muss abwechslungsreich sein, um den Bedarf des Körpers an Nährstoffen, von Kohlenhydraten über Proteine und Fette bis hin zu Mineralstoffen, Vitaminen und Sekundären Pflanzeninhaltsstoffen abzudecken. Aber nicht nur aus diesem Grund sollte man immer ausreichend Auswahl an rohköstlichen Lebensmitteln vorrätig haben. Der Körper, so erleben es viele Anfänger, ist noch auf die gewohnte Kochkost in all ihren Varianten programmiert. So entstehen immer wieder auch Gelüste, die dem Plan, über die Rohkost an Gesundheit und Lebensqualität zu gewinnen, entgegenstehen. Um solche Gelüste zu besänftigen, sollten Alternativen vorhanden sein. Wer beispielsweise Lust auf Brot, Nudeln oder Pizza verspürt, wird auch mit einem Leinsamen-Cracker sein Verlangen befriedigen können. Schokolade gibt es mittlerweile auch in Rohkostqualität im Handel, und wenn diese nicht vorhanden ist, helfen Datteln und rohe Kakaobohnen weiter. Der Genuss exotischer Früchte in all ihrer Vielfalt bietet soviel Geschmacksvergnügen, dass andere Gelüste in den Hintergrund treten. Wer nun aber meint, er müsse zwischendurch auch wieder einmal Gekochtes essen, greift

> Rohköstliche Befriedigung für Schokoholiker: Johannisbrot (Carob-Früchte), frische Kakaofrucht und getrocknete Kakaobohnen.

am besten zu gedünstetem Gemüse oder zu Kartoffeln. Wer die Rohkost schon längere Zeit praktiziert, wird zumeist enttäuscht sein, wenn er einmal wieder Nudeln und Soße isst. Außerdem sind die Nebenwirkungen, wie sie von zahlreichen Rohköstlern erlebt werden, eher unangenehmer Art. So berichten einige etwa von sofortigem Laufen der Nase, andere bekommen Kopfweh oder ihre Verdauungsorgane melden sich. Meist kommt auch noch der Ärger darüber hinzu, seine guten Vorsätze gebrochen zu haben. Allerdings sollte es nicht darum gehen, sich mittels der Ernährung zu kasteien. Wer mit sich selbst im Reinen ist, wird sich auch von einer Ausnahme nicht irritieren lassen. Die Rohkost darf nicht zur Religion werden, sondern sollte vielmehr eine lustvolle Variante der Ernährung sein.

Gelüste wollen befriedigt sein

Etwas Übung im Umgang mit dieser Ernährungsform bringt zugleich eine gewisse Gelassenheit. Und wer erst einmal weiß, welche Rohkostleckereien sich am besten eignen, um seine jeweiligen Gelüste zu befriedigen, der hat schon gewonnen.

Bei mir persönlich sind es hauptsächlich zwei Versuchungen, die mir immer wieder zu schaffen machen: Zum einen die Lust auf Schokolade, zum anderen das Verlangen nach etwas Deftigem, etwa

Rohkost ist kein Dogma

Tipp

Wem es guttut, sich auch mit einigen Abwechslungen und nur zu einem großen Teil mit Rohkost zu ernähren, der sollte das tun. Wessen Ziel die ausschließliche Rohkost ist, der braucht sich von einzelnen Ausnahmen nicht demotivieren lassen, sondern sollte sie ganz gelassen nehmen und weitermachen. Nicht Ihre Fehler sind es, denen Sie Beachtung schenken sollten, sondern dem, was Sie an Positivem schon erreicht haben.

Tipp

Frische Luft

Nicht nur für Rohköstler ist der Aufenthalt an der frischen Luft elementar für die Gesundheit. Der höhere Sauerstoffgehalt tut dem ganzen Körper gut. Fehlt uns Sauerstoff, werden wir schnell müde. Das Sonnenlicht fördert nicht nur die Bildung von Vitamin D, sondern auch viele andere Prozesse in unserem Körper. Eine hohe Luftfeuchtigkeit sorgt für den Schutz der Schleimhäute und macht sie widerstandsfähiger gegen Krankheitserreger. Auch im Winter ist der Aufenthalt an der frischen Luft wichtig, er sorgt für bessere Durchblutung und stärkt das Immunsystem. Eineinhalb Stunden täglich, besser mehr, sollten das Ziel sein.

Gemüseeintopf oder Bratkartoffeln. Gegen die Schokoladenlust ankämpfen gleicht häufig dem Kampf gegen Windmühlen – sie will gestillt werden. Entweder ich begegne ihr mit rohköstlichem Schokoladenkonfekt, wie es der Handel in verschiedenen Variationen anbietet, oder ich stelle selbst welches her, aus rohen Kakaobohnen, Datteln, Mandeln und eventuell auch Geschmacksträgern wie Orangenschale, Vanille oder frischer Schoko-Minze. Das kostet zwar kaum Zeit, kann aber dennoch die gewagtere Variante sein, weil der Griff zur herkömmlichen Schokolade doch noch schneller geht. Deshalb: Lieber einen Vorrat anlegen. Rasch helfen auch rohe Kakaobohnen, frisch aus der Schote. Sie sind die natürlichste Form der Schokolade und können pur genossen werden.

Gelüste nach Deftigem lassen sich in meinem Falle am besten mit „Safus" befriedigen. Das sind die sehr würzigen, fetthaltigen Früchte von *Dacryodes edulis*, einem Baum aus den Tropen. Alternativ dürfen es auch Oliven in Rohkostqualität oder Rohkost-Cracker mit pikanter Geschmacksnote sein.

Nicht zuletzt sind essbare Wildpflanzen in Situationen, in denen man sich von Gelüsten geplagt fühlt, exzellente Helfer. Fast könnte man glauben, Gelüste seien eine Art Bedarfsmeldung des Körpers, dem es an ganz bestimmten Stoffen mangelt. Diesen Bedarf zu decken eignen sich möglicherweise die Wildpflanzen besonders gut. In meinem Fall hat sich insbesondere der Gundermann als beruhigend bei Gelüsten bewährt. Doch jeder bevorzugt andere Geschmacksrichtungen. Finden Sie die Ihren heraus, um für Momente der Versuchung gewappnet zu sein!

Tipp

Sport und Bewegung

Zu einem gesunden Leben gehört mehr als eine gesunde Ernährung. An erster Stelle steht dabei die Bewegung. Nur wenn ein Körper ausreichend Bewegung hat, ist auch der Stoffwechsel in Ordnung und die wertvollen Inhaltsstoffe aus der Nahrung können aufgenommen und verwertet werden.

Heimisch – exotisch – von allem etwas

Viele, die sich von Rohkost ernähren wollen, lassen sich zu Anfang leicht verwirren. Was gehört denn nun zum Speiseplan? Und was ist das Gesündeste? Ich meine: Die Vielfalt macht's.

Die vielen verschiedenen Inhaltsstoffe, die in den unterschiedlichen Pflanzen enthalten sind, haben alle einen Nutzen und ergänzen sich. Nach meiner Erfahrung findet jeder selber mit der Zeit heraus, was ihm guttut. Strikte Regeln und selbst auferlegte Verbote führen meist nur dazu, dass die Gelüste nach herkömmlichem Essen zunehmen. Wichtig ist auch, Wildpflanzen und exotische Früchte nicht als „Medizin" zu verstehen, die nur bei besonderen Anlässen oder bei verstärktem Bedarf, etwa während Schwangerschaft und Stillzeit, verzehrt werden. Sie sollten vielmehr bedeutende Bestandteile des normalen Speiseplans sein.

Farbenprächtige Exoten: Rambutan-Früchte *(Nephelium lappaceum)*, sind die langhaarigen Verwandten der Litchis aus Südostasien.

Exotische Früchte

Tropenfrüchte sind eine elementare Bereicherung der Ernährung von Rohköstlern. In wieweit die Theorie Gültigkeit besitzt, dass wir Menschen aufgrund unserer Abstammung aus wärmeren Gefilden besser an die dort wachsenden Pflanzen angepasst sind und diese deshalb für unsere Ernährung besonders geeignet sind, vermag ich nicht zu sagen. Unsere heutzutage übliche Nahrung dürfte jedoch wesentlich ärmer an Vitaminen, Mineralstoffen, Ballaststoffen und anderen wichtigen Pflanzeninhaltsstoffen sein als die unserer ältesten Vorfahren in den Tropen. Die Natur versorgt uns hierzulande im Sommerhalbjahr sehr gut mit Gemüse, Obst, essbaren Wildpflanzen, Nüssen und Pilzen. Aber spätestens das Weihnachtsbuffet würde für Rohköstler etwas mager ausfallen, wenn nicht eine Bereicherung durch Früchte aus Tropen und Subtropen möglich wäre. Manche

Tipp

Grünes gegen Karies

Besonders Früchte sollten immer zusammen mit viel Grün verzehrt werden, um die Säuren – auch diejenigen, die erst im Mund von Bakterien aus Zucker und Stärke gebildet werden – zu neutralisieren und so Zahnschäden durch Karies zu vermeiden.

mögen diese Zeit, in der bei uns die Natur weniger zu bieten hat, zum Fasten nutzen, genussvoller ist jedoch die andere Variante.

Und ist Ihnen schon einmal aufgefallen, dass viele Menschen heute Bananen und Ananas als heimisches Obst empfinden, weil wir in der Mehrzahl bereits damit aufgewachsen sind? Dagegen erscheinen die bei uns heimischen Hagebutten oder Kornelkirschen vielen als ausgesprochen exotisch.

Unverzichtbar erscheinen mir folgende Früchte aus dem subtropischen und tropischen Sortiment:
Orange, Banane, Ananas, Mango, Avocado, Dattel, Feige, Granatapfel, Kiwi, Kokosnuss und Papaya.

Besondere Leckereien sind ergänzend: Mangostan, Physalis, Jackfruit, Cherimoya, Litchi, Pitahaya, Rambutan, Passionsfrucht, Kaki, Tamarinde, Kumquat, Longan und die verschiedenen Sapoten.

Zahlreiche weitere exotische Früchte gibt es, die zu probieren sehr lohnenswert ist. Ganz besonders tragen auch Durian zu meinem persönlichen Wohlbefinden bei, obwohl ich mich – zugegeben – erst an sie herantasten musste. Die Frucht wird einerseits „König der Früchte", andererseits auch Stinkfrucht genannt, was aus der Wertschätzung ihrer Liebhaber beziehungsweise aus ihrem besonders auffälligen und eigenartigen Geruch resultiert. Etwa ein Jahr und mehrere Anläufe hat es gebraucht,

bis aus meiner Ablehnung Leidenschaft wurde. Wie bei der Verwendung von Gewürzen oder beim Genuss von Wildpflanzen entwickelt sich auch der Geschmack für die unbekannten Genüsse aus den Tropen erst mit der Zeit. Kleine Kinder scheinen jedoch noch einen anderen Zugang dazu zu haben, sie sind gerade den Tropenfrüchten gegenüber sehr aufgeschlossen.

Im Wechsel der Jahreszeiten

Selbstverständlich ist es sinnvoll, sich bei der Auswahl der Nahrungsmittel an den Jahreszeiten zu orientieren. Im Sommer kann das heimische Angebot an Früchten – Kirschen, Beeren, Pflaumen, Äpfel, Birnen etc. – genutzt wer-

den. Dafür brauchen dann weniger Früchte aus den Tropen gekauft zu werden. Aber beispielsweise Avocados und Kokosnüsse sollten ganzjährig zu Ihrer Auswahl gehören, weil sie wichtige Fettlieferanten sind. Auch Gelüsten nach Durian oder Jackfruit und anderen exotischen Köstlichkeiten, die sich durch keine heimische Frucht ersetzen lassen, sollten Sie nachgeben. Im Herbst können für kurze Zeit heimische Nüsse die Kokosnüsse ersetzen. Länger gelagert sind sie allerdings keine Alternative zu den jungen Kokosnüssen, deren Saft und Fruchtfleisch besonders inhaltsstoffreich ist.
Im Winter, wenn auf der Südhalbkugel viele Früchte reif sind, stellen diese eine wertvolle Bereicherung des rohköstli-

Schon mal Pitahayas oder Drachenfrüchte probiert? Es sind die saftigen Früchte von Kakteenarten aus Mittel- und Südamerika.

chen Speiseplans dar. Baumreif geerntete Früchte sind im spezialisierten Versandhandel erhältlich. Diese Firmen ermöglichen zum Teil die Unterstützung kleiner Anbauprojekte, die sich durch fairen und biologischen Anbau auszeichnen. Besonders zu empfehlen sind auch Firmen, die durch freiwillige Abgaben Klimaschutzprojekte fördern und dadurch einen Beitrag zur Neutralisierung der durch den Transport entstandenen Emissionen leisten. Informieren Sie sich deshalb darüber, wo und wie die angebotenen Tropenfrüchte

angebaut und unter welchen Bedingungen sie transportiert werden. Birnen aus Chile, Äpfel aus Neuseeland und Spargel aus Peru zu kaufen, halte ich allerdings allein schon aus ökologischer Sicht für unsinnig. Schließlich wachsen diese Früchte auch bei uns und können in der entsprechenden Jahreszeit hier in bester Qualität geerntet werden.

Exoten aus dem Wintergarten

Wer selbst einen Wintergarten besitzt, kann versuchen die ein oder andere Frucht dort anzubauen, mit Avocados und Cherimoyas beispielsweise kann das funktionieren. Auch Papayas und die Früchte des Erdbeerbaumes und der Wollmispel, sowie Kumquats, Guaven und die Schoten der Johannisbrotbäume (Carob) ernten wir jedes Jahr im eigenen Gewächshaus.

Geschmacksschule Rohkost

Sinneseindrücke, welche die Nahrungsaufnahme hinterlässt, bezeichnen wir als Geschmack. Dieser entwickelt sich entsprechend der ausgewählten Nahrung, wird aber im Lauf der Zeit auch durch Aromen, Salz oder Zucker beeinflusst, häufig mehr als durch die eigentlichen Lebensmittel. Die meisten von uns, die ihre Ernährung umstellen wollen, müssen erst einmal wieder schmecken lernen. Wenn Sie sich mit Fasten auf die Rohkost einstimmen, fällt dies leichter. Haben Sie schon einmal gefastet, erinnern Sie sich vielleicht an den überwältigenden Geschmack des ersten Apfels beim Fastenbrechen. Mit der Rohkosternährung werden Sie die ursprünglichen, reinen Geschmacksnoten frischer, lebendiger Nahrung wieder entdecken. Der Verzicht auf Salz, verarbeitete Süßungsmittel und industriell hergestellte Aromastoffe fällt dann nicht schwer. Im Gegenteil: Sind die Geschmacksknospen davon unbelastet, werden Sie feststellen, wie unterschiedlich der Geschmack, etwa von Tomaten oder Erdbeeren – je nach Sorte, sein kann: die einen süßlich-mild, die anderen mit mehr Säure oder einer besonderen Aromanote. Und Sie werden schmecken, wie salzhaltig manche Gemüsesorten schon von Natur aus sind, beispielsweise Mangold oder Staudensellerie, und dass sich hinter der Süße einer Mango oder Kaki oft hauchfeine Marzipan- beziehungsweise Vanillenoten verbergen.

Mit Rohkost durch den Tag

Morgens, mittags, abends – Hunger oder zumindest Appetit hat man mehrmals am Tag. Wer ihn mit Rohkost stillt, ist dabei ausgesprochen flexibel.

Eine vieldiskutierte Frage ist, ob geregelte Mahlzeiten wichtig sind und wann man am besten wieviel essen sollte. Nun, Rohköstler sehen dies im Allgemeinen recht locker.

Geregelte Mahlzeiten?

Geregelte Mahlzeiten sind wohl für die meisten Menschen etwas ganz Normales. Dabei ist eine Nahrungsaufnahme nach der Uhr aber eher nicht natürlich, sondern vielmehr eine Folge unseres mehr oder weniger streng geregelten Alltags. Frühstück, Mittag- und Abendessen, wenn möglich immer zur selben Zeit – wenn Sie daran gewöhnt und damit zufrieden sind, können Sie diese Gewohnheit auch mit der Rohkost beibehalten. Die Menge notwendiger Nahrung lässt sich ohne weiteres beispielsweise auf drei Mahlzeiten und zusätzlich zwei Zwischenmahlzeiten aufteilen.

Manche Rohköstler reduzieren hingegen ihre Mahlzeiten auf zwei pro Tag, andere wiederum bevorzugen viele kleine Mahlzeiten. Auch das ist möglich. Geben Sie einfach Ihrem Hunger oder Appetit nach! Zum Einhalten fester Regeln sollte sich niemand zwingen, sonst geht der Spaß ganz schnell verloren.

Anfangs wird der Bedarf noch größer sein, trotz Abwechslung und ausreichender Nahrungsmenge werden manche eventuell auch Hunger verspüren. Nach einiger Zeit wird sich eine Vorliebe entwickeln für die optimale Aufteilung der Mahlzeiten. Wer morgens keinen Hunger hat, sollte sich zu dieser Zeit nicht zum Essen zwingen, erst am späteren Vormittag zu Obst und Kräutern greifen oder bis zur Mittagszeit warten. Anfänger sollten sich nicht von Regeln bezüglich der Essensauswahl oder bestimmten Mengen und Zeiten beschränken lassen, sondern sich erst einmal darauf konzentrieren, bei der Rohkost zu bleiben und dabei auch aus-

Starten mit Fasten

Tipp

Der Einstieg in die Rohkost-Ernährung kann so gestaltet werden, dass nach und nach der Rohkost-Anteil an der Nahrung erhöht wird. Wer ganz auf Rohkost umsteigen will, tut sich aus meiner Erfahrung leichter, wenn er vorher einige Fastentage einlegt. Doch auch hierbei sollte sich jeder nur soviel zumuten, wie ihm guttut. Drei bis vier Tage Fasten, mit zwei Tagen Vorfasten und zwei Aufbautagen danach, sollten es dennoch sein, um den Körper zu reinigen und auf die neue Ernährungsform vorzubereiten.

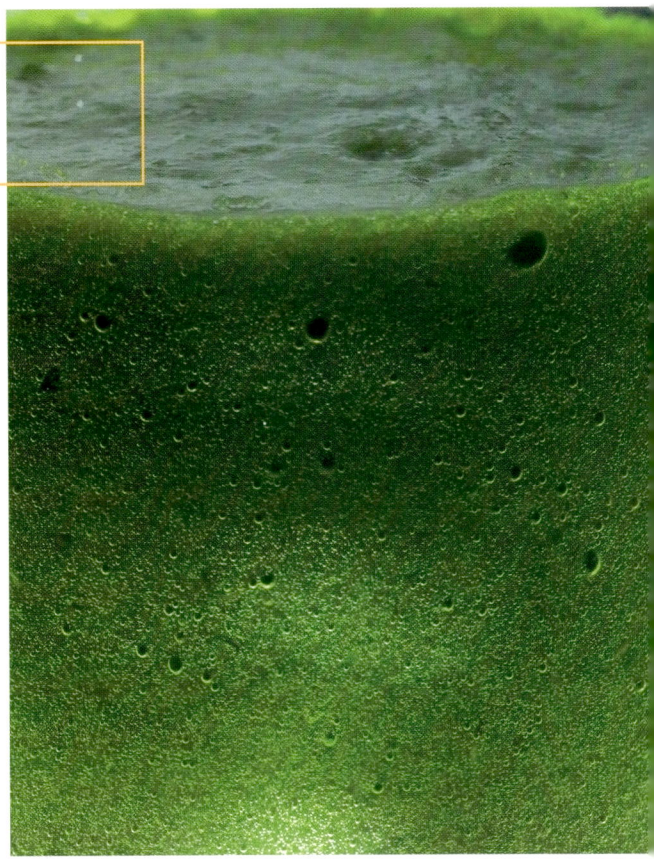

Gibt Kraft und Energie: Grüner Smoothie aus püriertem Obst und viel frischen Wildpflanzen.

reichend Wildpflanzen zu sich zu nehmen. Ausreichend Wildpflanzen, das heißt, sie nach Möglichkeit zu jeder Mahlzeit zu kombinieren.

Das Frühstück

Ein Frühstück kann auch einmal bestehen aus einer jungen Trinkkokosnuss, häufig als Pagode bezeichnet, oder einer Banane in Kombination mit ein bis zwei Handvoll frischer Kräuter. Einige Rohköstler schwören auf Smoothies zum Frühstück. Dies nicht zuletzt deshalb, weil es bei vielen morgens schnell gehen muss. Für solch ein dickflüssiges Fruchtpüree werden beispielsweise zwei Handvoll Brennnesseln oder andere Kräuter mit Obst oder Gemüse nach Wahl püriert. Durch diese Art und Weise der Zubereitung kann die Versorgung mit Wildpflanzen schnell und einfach gesichert und für einen guten Start in den Tag gesorgt werden.

Das Mittagessen

Wer genügend Zeit hat, kann für das Mittagessen eine reichhaltige Auswahl an Rohkost vorsehen. Neben frischen Wildkräutern eignen sich als Ergänzung zu frischem Gemüse und Obst auch Oliven, Nüsse, Pilze und Fettfrüchte wie Avocados oder deftige Safus.

Zubereitung? Es geht auch ohne

Tipp

Das Schöne an der Rohkost ist, dass eine Zubereitung nicht unbedingt erforderlich ist, es lebt sich auch gut von der Hand in den Mund. Einige Stücke Obst oder Gemüse und Wildkräuter dazu, das erfordert nicht viel Aufwand. Für Mahlzeiten mit der Familie, Feste und ähnliche Gelegenheiten bieten sich jedoch unzählige Varianten an, um Obst, Gemüse und die Wildpflanzen einladend und raffiniert zu präsentieren. Sehen Sie nur auf den Rezeptseiten dieses Buchs (ab S. 84) nach!

Oliven sind leckere fetthaltige Früchte, die auch in Rohkostqualität und ungesalzen erhältlich sind.

Das Abendessen

Zum Abendessen empfiehlt sich eine leichtere Mahlzeit. Und wieder gehören die Wildpflanzen dazu. Leichter verdaulich ist eine Mahlzeit, wenn weniger kombiniert wird, also beispielsweise nur eine Sorte Früchte mit Wildpflanzen verzehrt wird. Wer aber zum Mittagessen nur wenig Zeit hatte, wird die reichhaltige Auswahl auf den Abend verschieben wollen. In der Regel funktioniert die Verdauung bei Rohköstlern ausgezeichnet, und wer nicht allzu spät isst, wird auch keine Probleme damit haben.

Zwischendurch

Wer Hunger verspürt, sollte auch zwischendurch etwas essen. So lassen sich Heißhungerattacken am besten vermeiden.
Ein Smoothie oder ein frisch gepresster Saft aus Wildkräutern und Obst sind leckere Zwischenmahlzeiten. Jederzeit ideal geeignet sind auch Obst oder Gemüse in Kombination mit Wildpflanzen, beispielsweise ein Apfel zusammen mit Vogelmiere oder eine Karotte mit Löwenzahn. Manchen reicht sicherlich auch ein Sträußchen Giersch oder eine Handvoll Lindenblätter.

Für Naschkatzen bieten sich Konfekt und Pralinen aus Trockenfrüchten, rohem Kakao, Carob, Nüssen und leckeren Gewürzen wie Vanille, Ingwer oder Minze an. Sie können sie entweder selbst herstellen oder fertig kaufen. Zum Teil sind solche Naschereien für Rohköstler in Bioläden und Reformhäusern erhältlich. Auch der Versandhandel bietet eine reiche Auswahl. Wer es lieber pikant mag, greift zu natürlich konservierten Oliven oder zu Rohkost-Crackern. Lecker schmecken außerdem rohe Nüsse und Samen, die auch mit Wildkräutern, Gewürzen und Zitronensaft mariniert oder gewürzt sein können.

Gemüsechips, selbst gemacht   Tipp

Aus Süßkartoffeln, Karotten, Pastinaken, Sellerie oder Zucchini lassen sich schmackhafte Gemüsechips herstellen. Dazu wird das Gemüse in feine Scheiben geschnitten, eventuell mit Kräutern und Tomatensaft gewürzt, und im Lebensmitteltrockner oder Backofen bei unter 40 °C getrocknet. Auch Zwiebelringe oder Tomatenscheiben können so getrocknet werden.

Rohkost zu Hause und auswärts

In den eigenen vier Wänden lässt sich eine Ernährung mit Rohkost leicht organisieren. Was aber, wenn man auswärts essen möchte oder muss?

Das Wichtigste unterwegs ist, immer etwas zum Essen dabei zu haben. Auch wenn sogar Raststätten und Tankstellen mittlerweile ganz gut sortiert sind und immer mehr von ihnen auch frisches Obst, einen Fruchtsalat oder sogar Rohkostsalate im Angebot haben, ist die dort erhältliche Qualität nicht immer wie gewünscht.

Ein Apfel, ein paar Datteln und Nüsse sind schnell zusammengepackt und sichern die Versorgung zumindest solange, bis sich etwas Entsprechendes findet.

Im Berufsleben

Wer beruflich unterwegs ist, wird sich eventuell gerne einen Salat oder Obstsalat vorbereiten. Ebenso gut kann aber auch eine Auswahl an Früchten und Gemüse in handlichen Stücken, also verzehrfertig vorbereitet, mitgenommen werden. Auf diese Weise brauchen Sie gemeinsame Mahlzeiten mit Kollegen oder Geschäftspartnern nicht absagen, nur weil Sie nicht dasselbe wie die anderen essen möchten. Erfahrungsgemäß wird niemand auf Ablehnung stoßen, wenn er oder sie aus „gesundheitlichen Gründen" auf das Kantinenessen verzichtet und zur mitgebrachten Rohkost und heilkräftigen Wildpflanzen greift. Viele Kantinen bieten mittlerweile auch

abwechslungsreiche Salatbüfetts mit Salaten ohne Soße an. Wo das noch nicht der Fall sein sollte, könnte es ja vielleicht einmal angeregt werden ... Diskussionen zu der zugegebenermaßen doch etwas außergewöhnlichen Ernährung brauchen nicht im großen Kollegenkreis geführt werden. Wem Anspielungen und beharrliches Nachfragen unangenehm sind, der kann auf die Rohkost als Schonkost oder Gesundheitskost verweisen und die Beantwortung ernst gemeinter Fragen auf einen kleineren Kreis und nach Feierabend vertagen.

Bei Betriebsfeiern und Firmenfesten wird heutzutage auch der Verzicht auf Alkohol nicht mehr thematisiert; Alternativen anzubieten ist vielmehr die Regel. Im kleineren Kreis, bei der Geburtstagsfeier im Büro etwa, fällt es manchmal schwerer, auf Kuchen oder andere Versuchungen zu verzichten. Wer gerne in die Offensive gehen mag, kann dem Jubilar einen selbstgemachten Rohkostkuchen mitbringen. Anklang findet der auf jeden Fall. Sonst bleibt als Alternative für solche Fälle, immer eine kleine Tüte mit Trockenfrüchten oder Nüssen im Schreibtisch zu haben. So kann man schön mitknabbern und fällt kaum auf. Wer doch einmal am Büfett zugreift, sollte sich nicht mit einem schlechten Gewissen plagen, sondern bei der nächsten Mahlzeit einfach wieder auf Rohkost setzen.

Kein Problem im Restaurant

Auch für Rohköstler kann ein Restaurantbesuch unterhaltsam und vergnüglich sein. Spontane Restaurantbesuche erfordern vor dem Bestellen meist eine Absprache mit der Bedienung oder mit dem Küchenpersonal; in den meisten Fällen ist man jedoch gerne bereit, etwas Rohkost oder einen Salat ohne Dressing oder auch Obst zu servieren. Wer dennoch einmal auf Unwillen oder Ablehnung stößt, der begnügt sich eventuell mit einem gewöhnlichen kleinen Salat oder, wenn gar nichts anderes möglich ist, mit Pellkartoffeln und gedünstetem Gemüse.

Nicht geeignet für Rohköstler sind Fast-Food-Restaurants, die nichts anderes anbieten als ihre festgelegten gekochten Speisen. Ein großer Verlust ist das für die meisten Rohköstler wohl nicht. Dabei – Sie werden es kaum glauben – geht heute der Trend zumindest bei den großen Fast-Food-Ketten ebenfalls in Richtung Gesundheit. Auch dort zeichnen sich erste Veränderungen im Angebot ab. Sie reichen von frisch gepresstem Saft über Obstsalat bis zu einer kleinen Auswahl an Rohkost.

Bei Einladungen ins Restaurant, die über längere Zeit geplant sind, etwa zu Familienfesten, empfiehlt es sich, mit dem Gastgeber und dem Küchenchef abzusprechen, was die Küche alternativ zum geplanten Menü anbieten kann. Manche Küchenchefs, so meine Erfahrung, übertreffen sich selbst und zaubern ein herrliches Rohkostmenü. Wer schon einmal mit einer rohen klaren Tomatensuppe, dann mit Kohlrabischiffchen, gefüllt mit Avocado, Spargel und verschiedenen Gemüsewürfelchen, und schließlich mit einem Törtchen aus Erdbeeren, Heidelbeeren und frischer Minze verwöhnt wurde, der wird sicher zum Wiederholungstäter.

Was in Amerika immer mehr in Mode kommt, ist bei uns noch außergewöhnlich: Rohkost-Restaurants. Die ersten zaghaften Versuche veganer Restaurants, auch Rohkost anzubieten, geben aber auch hier Anlass zur Hoffnung. Selbst wenn es bei uns noch eine Weile dauern wird, bis sich die Rohkost auch im Restaurantbereich fest etabliert hat, hilft es vielleicht, dem einen oder anderen Küchenchef die Angebote der amerikanischen Restaurants vor Augen zu führen. Schließlich mussten vor einigen Jahren auch Vegetarier erst nach einem für sie geeigneten Angebot fragen, wogegen heute jede Speisekarte eine eigene Rubrik mit vegetarischen Gerichten enthält.

Bei Ausflügen und Wanderungen

Ideal als Proviant für Wanderungen geeignet sind junge Kokosnüsse. Da eines ihrer drei Augen nur durch eine dünne Haut verschlossen ist, lassen sie sich einfach öffnen und dann austrinken. Wird die leere Nuss hinterher aufgeschlagen, kann auch das Fruchtfleisch ausgelöffelt werden. Wem das zu mühselig erscheint – Profis haben einen kleinen Hammer dabei; ein Stein tut es meistens auch – der nimmt die leergetrunkene Nuss einfach wieder mit nach Hause und löffelt sie erst dort aus. Auch andere Tropenfrüchte sind auf Wanderungen sehr beliebt: Süße Mangos, Grenadillen oder Sapoten beispielsweise liefern schnell Energie. Und am Wegesrand stehen zahlreiche Wildpflanzen zum Verzehr bereit.

Rohkost in der Familie

Rohkost und Kochkost nebeneinander in einer Familie, da befürchten viele, das könne nicht gutgehen. Dass es doch geht, zeigen zahlreiche Rohköstler, die in einer Familie leben, in der unterschiedliche Ernährungsweisen praktiziert werden. Voraussetzung dafür sind Toleranz und Offenheit. Auch langjährige Partnerschaften können strapaziert werden, wenn einer der Partner seine Ernährung umstellen möchte. Noch schwieriger ist es, wenn sich der andere Partner bislang um die Zubereitung der Mahlzeiten gekümmert hat und sich nun zurückgesetzt fühlt, weil er befürchtet, nicht mehr gebraucht zu werden, oder sein Essen der Kritik ausgesetzt sieht. Rohkost-Einsteiger sollten an diesem Punkt in der Familie ganz deutlich machen, dass die Ernährungsumstellung nicht aus Unzufriedenheit mit dem bisherigen Angebot erfolgt, sondern aus dem Gewinn neuer Erkenntnisse heraus und aus gesundheitlichen Gründen. Andernfalls könnten sie auf Ablehnung stoßen.

Ein Fehler wäre es, die übrigen Familienmitglieder unbedingt ebenfalls zur Umstellung ihrer Ernährung auf Rohkost überreden zu wollen. Gerade Rohköstler, die in kurzer Zeit viele gesundheitliche Verbesserungen erfahren, neigen verständlicherweise dazu. Grundsätzlich aber kann niemand

Junge Kokosnüsse – unvergleichlich gesund und zudem (mit Strohhalm) praktisch für unterwegs.

etwa ein Partner sich konventionell mit Fleisch und Wurst und allem, was dazu gehört, ernährt, während der andere vegan lebt. Doch mit einer guten Portion Toleranz kann auch solch eine Situation gemeistert werden.

Auch die Kinder machen mit?

Bezüglich der Ernährung von Kindern kommt häufig hinzu, dass derjenige Elternteil, der seine Ernährung aus gesundheitlichen Gründen umgestellt hat, es gerne sehen würde, wenn die Kinder sich ebenfalls nach seinen Vorstellungen ernähren würden. Dieses Ansinnen beinhaltet einiges an Konfliktpotential. Es kann für Kinder sehr schwierig werden, wenn von ihnen erwartet wird, dass sie sich für die Lebensweise eines Elternteils entscheiden müssen. Besser ist es, dem Kind zu zeigen, dass es sich jederzeit frei entscheiden kann, und ihm vorzuleben, dass jeder Mensch unabhängig von seiner Ernährungsweise Respekt verdient. Speziell für Tierschützer mag dies zunächst eine ausgesprochen schwere Entscheidung sein, doch sie dient dem Wohl des Kindes. Ohnehin entscheiden sich Kinder, die frei wählen können, häufig von selbst für eine tierfreundliche Ernährungsweise.

Ein Abschied von gemeinsamen Mahlzeiten muss nicht sein, wenn jeder essen darf, was er möchte. Und es gibt durchaus Gerichte, bei denen alle mit-

davon überzeugt werden, seine Gewohnheiten zu ändern, wenn er dies nicht selber will. Wer für sich die Entscheidung trifft, auf Rohkost umzusteigen, oder zumindest einmal eine Zeitlang den Versuch unternehmen will, der sollte dies seinem Partner oder seiner Familie gegenüber ausführlich und nachvollziehbar begründen. Er sollte es aber auch tolerieren, wenn der Partner oder die Familie diese Entscheidung zwar akzeptiert, aber möglicherweise nicht teilen will. Das bedeutet dann: Jeder ernährt sich so, wie er es möchte. In toleranten Partnerschaften wird dies gelingen. Allerdings bereitet es oftmals Schwierigkeiten, wenn die Ernährungsweisen sehr unterschiedlich sind: wenn

Dattelschiffchen sind ein süßer Bonbonersatz für kleine und große Leckermäuler (Rezept auf Seite 134).

essen können. Eine große Schüssel Salat mit Pellkartoffeln beispielsweise, da können sich Rohköstler einfach eine Portion Salat vor dem Würzen herausnehmen. Auch eine gemeinsam zubereitete Gemüsepfanne mit frischen Wildkräutern kann für alle eventuell ein Kompromiss sein. In intakten Partnerschaften oder Familien wird man sich in irgendeiner Weise arrangieren können. Wo dies nicht der Fall sein sollte, war die Ernährungsumstellung sicherlich nicht der alleinige Auslöser für die Differenzen.

Kinder mit der rohköstlichen Ernährungsweise vertraut zu machen, ist relativ einfach: Wer die Rohkost mit Genuss lebt, wird diesen Genuss auch seinen Kindern vermitteln können. Kinder können mit ansprechenden

Zubereitungen, wie bunten Smoothies, abwechslungsreich angerichteten Obst- und Gemüsetellern oder beispielsweise einer Rohkosttorte, aber auch mit einer Kokosnuss oder einer Mango immer gelockt werden. Ist erst einmal der Hunger mit Rohkost gestillt, passt in die kleinen Mägen wenig andere Nahrung. Setzen Sie lieber auf Genuss, bevor strenge Regeln das Familienleben trüben!

Natürlich eignet sich Rohkost auch als „Pausenbrot" für die Schule. Dabei darf es auch gerne einmal etwas Exotisches sein, wie Tamarinden oder die Perlen des Granatapfels, die aussehen wie kleine Edelsteine und kleine Prinzessinnen besonders entzücken. Auch Dattelschiffchen aus Datteln, gefüllt mit Walnüssen und Wildkräutern, sind gesunde Snacks für zwischendurch und wahre Energiepakete, die Gehirn und Körper gleichermaßen versorgen. Nur eines müssen Rohkostkinder früh lernen: Teilen. Denn auch Freunden und Mitschülern wird die Rohkost gut schmecken.

Feiern mit Kindern

Tipp

Auch Familienfeste und Kindergeburtstage lassen sich mit Rohkost gestalten – sogar ganz unauffällig. Denn Kinder fragen nicht nach der Art der Herstellung, sondern essen, was ihnen schmeckt. Kleine Obst- oder Gemüsespießchen, Kleine-Drachen-Smoothies (siehe S. 125) und Obsttörtchen mit rohem Mandel-Dattel-Teig (siehe S. 128) oder Rohkosteis (siehe S. 127) aus Bananen und Obst kommen bei Kindern immer gut an.

Essbare Wildpflanzen sammeln und genießen

Nur Mut! Wer essbare Wildpflanzen nützen will, sollte sich mit ihnen vertraut machen. Hier erfahren Sie, wie es geht.

Wo und wie sammeln?

Essbare Wildpflanzen finden sich in freier Natur fast überall.
Doch an die Pflanzen, die wir essen wollen, stellen wir ganz besondere
Ansprüche.

Man ist zunächst geneigt zu glauben, Landbewohner hätten es beim Sammeln von essbaren Wildpflanzen leichter als Städter, weil sie schnell in der Natur und an geeigneten Sammelplätzen sind. Leider gilt das nicht überall. In vielen Regionen wird intensiv Ackerbau und Viehzucht betrieben, und freie, intakte Flächen sind kaum noch vorhanden. Unberührte Plätze in der Natur, naturbelassene Wiesen, Waldstücke und -lichtungen, Bachränder und Raine muss man heutzutage auch auf dem Land zum Teil erst suchen.

Häufiger als gemeinhin erwartet lassen sich dagegen auch innerstädtisch gut geeignete Flächen zum Ernten von Wildpflanzen entdecken. Abseits vom Verkehr und unbeeinträchtigt durch Hunde finden sich solche Plätze beispielsweise in Parkanlagen, in denen das Ausführen von Hunden verboten ist. Häufig wird in

> Giersch in rauen Mengen und sicherlich sauber, da er hier auf einer höhergelegenen Fläche wächst.

großen Grünanlagen aus Kosten- oder Umweltschutzgründen auch kein chemischer Pflanzenschutz betrieben. Viele Flächen werden darüber hinaus zwar angelegt, aber nicht permanent gepflegt, sodass sich Vogelmiere, Löwenzahn und Co. relativ ungestört ausbreiten können. Anders als Sie möglicherweise vermutet hätten, gelten gerade die Städte als artenreichste Lebensräume in Mitteleuropa. Besonders artenarm sind hingegen vor allem die von intensiver Nutzung geprägten Agrarlandschaften. Allerdings sind in der Stadt viele bodennahe Flächen nicht nutzbar, weil sie von Abgasen oder Hunden verschmutzt sind. Hier empfiehlt es sich, auf höher gelegenen, terrassierten oder steilen Flächen zu sammeln oder auf Baumblätter zurückzugreifen.

Auch auf dem Land sollten Sie darauf achten, wie die Flächen, von denen der wichtigste Teil Ihrer Rohkostnahrung stammt, genutzt werden: Beweidete Flächen oder Grünland für die Futterproduktion sind ungeeignet, da die Pflanzen mit Fäkalien belastet bezie-

Sauber ist nicht gleich rein

Tipp

Auch wenn manche Wildpflanzen auf den ersten Blick ganz appetitlich aussehen, sollten Sie vor der Ernte überlegen, ob die Pflanzen an diesem Wuchsort möglicherweise mit Chemikalien, mit tierischen oder anderen Verunreinigungen belastet sein könnten.

hungsweise meist überdüngt sind. Etwa dort, wo überdimensionale Löwenzahnblätter ab Mittag schlapp die Köpfe hängen lassen, wird die übermäßige Düngung für jeden offensichtlich. Auf genutzten Äckern und angrenzenden Flächen sollten Sie auch nur dann ernten, wenn Sie den Einsatz von Pestiziden ausschließen können. Flächen, auf denen Bioanbau betrieben wird, bieten oft eine große Auswahl an Wildkräutern, doch auch bei diesen gilt es, erst einmal in Erfahrung zu bringen, wie sie bewirtschaftet und vor allem wie sie gedüngt werden.

Selbstverständlich gilt für das Sammeln auf Anbauflächen, dass die dort wachsenden Kulturpflanzen dadurch nicht beeinträchtigt werden dürfen. Wer regelmäßig auf solchen Flächen ernten will, sollte dies auf jeden Fall mit dem Besitzer absprechen.

Bahndämme sind keine geeigneten Orte, um Wildpflanzen zu sammeln, auch wenn dort häufig viele zu finden sind. Aber wegen des dort starken Pestizideinsatzes sollten Sie diese Flächen nicht nutzen. Auch an verunreinigten Gewässern sollten Sie nicht sammeln. Mancherorts sind Kleingärten und Kleingartenanlagen gute Fundstellen. Hier wie überall gilt es aber zu bedenken, dass das Betreten von Privatflächen nur mit Zustimmung des Eigentümers gestattet ist. Dies gilt übrigens auch für Wiesen in der Vegetationszeit.

Artenschutz geht vor!

Doch trotz aller Einschränkungen: Wer erst einmal anfängt mit dem Sammeln von essbaren Wildpflanzen, wird schnell feststellen, dass sie sich fast überall finden lassen. Normalerweise dürfen Pflan-

Natur- und Artenschutz

Nicht gesammelt werden dürfen **geschützte oder gefährdete Pflanzenarten**. Sie sind in den Roten Listen verzeichnet, die es sowohl für einzelne Bundesländer als auch für ganz Deutschland gibt. Sie werden vom Bundesamt für Naturschutz beziehungsweise von den regional zuständigen Stellen herausgegeben. Aus Gründen des Naturschutzes ist das Sammeln oder Entnehmen von Pflanzen oder Pflanzenteilen nicht überall erlaubt. Informieren Sie sich über eventuell **geschützte Gebiete** und die vor Ort geltenden Regeln!

zen auf Freiflächen von jedem Menschen genutzt werden, solange kein Eingriff in den Naturhaushalt erfolgt. Nachhaltige Nutzung muss oberstes Gebot sein. Das bedeutet: Keine massenhafte Ernte, kein Entfernen ganzer Pflanzenbestände! Wer Wurzeln ernten will, sollte bedenken, dass die Pflanze damit komplett entfernt wird, und dies deshalb nur dort tun, wo genügend Pflanzen den Fortbestand der Art sichern. Sammeln Sie nur für den eigenen Bedarf und nur soviel, wie Sie kurzfristig verbrauchen können. Sollen große Mengen für einen Vorrat geerntet werden, ist gegebenenfalls eine Genehmigung einzuholen. Besser ist es jedoch in diesem Fall, nur Pflanzen zu sammeln, die in großen Mengen vorkommen, und lieber immer wieder kleinere Mengen davon an unterschiedlichen Stellen zu ernten, um den Bestand zu schützen. Auch sollten stets nur die benötigten Pflanzenteile, nicht gleich die ganze Pflanze geerntet werden. Was die Menge der gesammelten Pflanzen betrifft, gilt das Arten- und Naturschutzgesetz des jeweiligen Bundeslandes. Im Allgemeinen darf ein „Handstrauß", zum Beispiel vom Bärlauch, dem Naturbestand entnommen werden. Da Wildpflanzen für den eigenen Verzehr in der Regel immer frisch und damit nicht in großen Mengen gesammelt werden, reicht dies auch völlig aus. Doch Achtung: Regional, national und international können unterschiedliche Bestimmungen gelten.

Wann sammeln?

Als beste Zeit zum Sammeln wird allgemein der späte Vormittag angegeben, wenn der Tau abgetrocknet ist, die Blätter aber noch frisch sind. Sollen die Pflanzen jedoch nicht getrocknet, sondern frisch verzehrt werden, braucht diese Empfehlung nicht weiter beachtet zu werden. Die Pflanzen können in diesem Fall jederzeit geerntet werden. Der Gehalt an Inhaltsstoffen schwankt zwar – nach längerem intensiven Regen oder nach langer Trockenzeit kann er niedriger sein –, aber dann werden einfach ein paar Blättchen mehr geerntet. Wildpflanzen sollten möglichst täglich frisch geerntet und verzehrt werden. Wer durch seinen Arbeitsalltag eingeschränkt ist, geht lieber frühmorgens oder abends noch raus zum Ernten, als gänzlich darauf zu verzichten. Ein kurzfristiges beziehungsweise fachgerechtes Lagern der Pflanzen ist zwar möglich, bringt aber auch einen Verlust an Inhaltsstoffen mit sich.

Picknick im Grünen

Tipp

Ideal wäre es, die Pflanzen, frisch geerntet, an Ort und Stelle zu verzehren. Ein Picknick ist daher die empfehlenswerteste aller Rohkostmahlzeiten.

Transport des Sammelguts

Wer sein Erntegut nach Hause transportieren möchte, der sollte dies möglichst zügig tun. Die geernteten Pflanzenteile sollten beim Transport nicht allzu sehr austrocknen. Zum Sammeln von Gewürz- oder Heilkräutern werden allgemein Körbe und Stofftüten oder Papiertaschen empfohlen. Da die Pflanzen in unserem Fall jedoch nicht zum Trocknen gedacht sind, sondern zum frischen Verzehr, empfiehlt es sich eher, sie frisch zu halten. Ich habe daher immer eine verschließbare Plastiktüte in der Tasche oder bei geplanten Sammelstreifzügen auch luftdicht verschließbare Plastikgefäße dabei. Werden diese nicht der Sonne ausgesetzt, sondern geschützt verstaut, bleiben die Pflanzen darin lange frisch. Für längere Wanderungen kann auch das Einschlagen in ein feuchtes Tuch oder der Transport in einer kleinen Kühltasche hilfreich sein.

Was sonst noch hilfreich ist

Rohköstler mit Erfahrung beim Sammeln von essbaren Wildpflanzen benötigen mit Ausnahme von Transportbehältnissen keine weitere Ausrüstung. Für besondere Exkursionen, bei denen neue Pflanzen gesucht werden sollen, empfehle ich, Bestimmungsbücher und eine Lupe mitzunehmen. Schließlich ist es wichtig, die Pflanzen, die man isst, sicher identifiziert zu haben.
Sollen größere Mengen geerntet werden, können auch Messer und Schere sowie Handschuhe, etwa zum Ernten von Brennnesseln, hilfreich sein. Das Ernten kleiner Mengen Brennnesseln kann mit ein bisschen Übung und dem richtigen Griff – von unten nach oben,

gegen die Wuchsrichtung der Brennhaare – auch ohne Handschuhe und Schere bewältigt werden.
Einige Bücher enthalten sogenannte Sammelkalender, deren Angaben aber zum Teil nur begrenzt nützlich sind. Sie können stark voneinander abweichen und für die betreffende Region eventuell unbrauchbar sein. Für Neulinge sind sie aber insofern hilfreich, als sie ein Bild davon geben, was zu welcher Zeit in Feld, Wald und Flur zu finden sein

Meine Tipps zum Pflanzensammeln

> Schon beim Ernten achte ich auf Sauberkeit. Stark beschädigte und befallene Pflanzenteile oder kleine Tierchen werden sofort aussortiert.
> Im Bedarfsfall werden die Pflanzen getrennt nach Arten eingetütet.
> An Stellen, wo essbare und giftige Pflanzen vergesellschaftet sind, können aus Versehen Teile von Giftpflanzen mit abgepflückt werden. Ich kontrolliere deshalb noch vor Ort das Erntegut. Wurde doch einmal eine giftige Pflanze geerntet, sollten nach Möglichkeit die Hände gewaschen werden.
> Verschmutzungen lassen sich in Grenzen halten, wenn schmutzige von sauberen Pflanzen und Pflanzenteilen getrennt transportiert werden. Auch Blüten, Samen oder Wurzeln bekommen bei mir jeweils ein eigenes Behältnis, getrennt von Blättern und Trieben – es sei denn, die Mischung soll genau so verwendet werden.
> Wird an sauberen Stellen gesammelt, kann bei Kräutern – ähnlich wie bei Pilzen – auf das Waschen verzichtet werden. So bleiben die wichtigen Vitamin-B_{12}-bildenden Mikroorganismen erhalten.

könnte, und damit die Bestimmung etwas erleichtern. Manche dieser Sammelkalender orientieren sich allerdings an den optimalen Zeitpunkten zum Sammeln von Heilpflanzen. Da Rohköstler aber wenn möglich Wildpflanzen auch dann noch nutzen wollen, wenn manches Blatt etwas bitterer schmeckt oder nicht mehr ganz jung ist, wird in der Praxis die Zeitspanne, in der Sie eine Pflanzenart sammeln und verwenden können, meist deutlich länger als die empfohlene sein. Lediglich die Pflanzen, die mit fortschreitender Entwicklung gesundheitlich bedenkliche Stoffe bilden, sollten außerhalb der empfohlenen Zeit nicht mehr geerntet werden. Dies gilt beispielsweise für das Scharbockskraut, welches nur bis zur Blüte verzehrt werden sollte, da es später in den Blättern zu hohe Gehalte an Protoanemonin aufweist.

Pflanzen sicher erkennen

Voraussetzung für das Sammeln und Verwenden von Wildpflanzen ist das sichere Erkennen und Bestimmen der Pflanzen. Die botanischen Namen der Pflanzen spielen dabei eine wichtige Rolle. Zwar haben alle Gewächse bei uns auch einen deutschen Namen, und Sie werden sich fragen, warum die Pflanzen denn zusätzlich einen botanischen Namen brauchen. Der Grund liegt darin, dass eine Pflanze nicht nur einen, sondern je nach Region mehrere, sehr unterschiedliche deutsche Bezeichnungen tragen kann. So wird beispielsweise das Gänseblümchen auch „Maßliebchen" oder „Tausendschön" genannt. Um jedoch herauszufinden, ob eine Pflanze gesund, unverträglich oder giftig ist, muss eindeutig geklärt sein, um welche Pflanze es sich handelt. Diese

Eindeutigkeit ist durch den botanischen Namen gewährleistet. Er besteht immer aus zwei Worten, das erste steht für die Gattung, der die Pflanze zugehört, das zweite für die Art. Um beim Beispiel des Gänseblümchens zu bleiben: Sein botanischer Name weist es als *Bellis perennis* aus, und zwar weltweit einheitlich – Verwechslung ausgeschlossen.

Die eindeutige Bestimmung einer Pflanze bis auf die Art ist wichtig, um ihre Wirkung abschätzen zu können. Pflanzen, die zwar gleicher Gattung und damit nahe verwandt, aber eben doch unterschiedlicher Art sind, können durchaus verschiedene Inhaltsstoffe oder aber dieselben Inhaltsstoffe in sehr unterschiedlicher Konzentration aufweisen. Im konkreten Fall kann dies bedeuten, dass die eine Pflanze essbar und gesund sein kann, während die andere, verwandte und eventuell sogar sehr ähnlich aussehende Pflanze durchaus unbekömmlich oder gar giftig ist. Eine gute Pflanzenkenntnis ist also reiner Selbstschutz.

Der einfacheren Lesbarkeit wegen wurde in diesem Buch auf die stete Nennung auch der jeweiligen botanischen Namen verzichtet. Ab Seite 137 finden Sie jedoch eine Übersicht über sämtliche im Buch genannten Pflanzen mit ihren botanischen Namen.

Pflanzenbestimmung auf klassische Art

Bei der Bestimmung von Pflanzen werden Laien nicht genauso vorgehen können wie studierte Botaniker. Was Einsteigern den Umgang mit der Literatur zur Pflanzenbestimmung häufig erschwert, ist, dass sich die klassischen Bestimmungsschlüssel am Bau der Blüte orientieren. Außerdem sind zur

Bestimmung der Pflanzen gewisse Fachkenntnisse erforderlich, etwa botanische Fachbegriffe, wie die korrekte Bezeichnung der Pflanzenteile oder Blütenstände. Anhand ihres Blütenbaus lassen sich die zu bestimmenden Pflanzen den verschiedenen Pflanzenfamilien zuordnen. Die Blütenformel beschreibt die charakteristischen Merkmale einer Familie. Für manche Bestimmungsgänge wird auch die Frucht benötigt. Das Bestimmen von Pflanzen im nichtblühenden Zustand bleibt auf die klassische Art und Weise schwierig bis unmöglich. Der botanisch Interessierte wird im Zweifel immer die Blüte abwarten, sich den Fundort einprägen und mehrmals jährlich die Pflanze anschauen und fotografieren. Bei manchen Pflanzen kann dies besonders wichtig sein, ändern sie doch im Jahresverlauf ihr Erscheinungsbild beträchtlich. Bestes Beispiel dafür ist die Knoblauchsrauke: Im Herbst und Winter weist sie runde Blätter auf, die, wenn sie nicht zu groß sind, gerne für Gundermann-Blätter (siehe S. 70) gehalten werden, welche aber ebenfalls essbar sind. Im Frühjahr jedoch schiebt sie Triebe mit spitzen, dreieckigen Blättern in die Höhe. Auch die Blätter vom Veilchen werden im Sommer zum Teil nicht erkannt und gerne übersehen, weil seine Blätter nicht mehr so rund sind wie im Frühjahr, sondern spitz zulaufen.

Seminare für den Anfang

Um es deutlich zu sagen: Ohne jegliche Vorbildung sollte sich niemand auf die Suche nach essbaren Wildpflanzen machen. Wer keinerlei Ahnung von Pflanzen hat und auch Löwenzahn, Gänseblümchen oder Klee nicht zweifelsfrei erkennen kann, der sollte unbe-

dingt zuerst einen Kurs oder ein Seminar für Einsteiger besuchen. Dort oder auch bei Führungen zum Thema „Essbare Wildpflanzen" wird in der Regel nicht das Bestimmen von Pflanzen gelehrt, sondern das Erkennen und Wiedererkennen einzelner genießbarer Arten geübt. Das bedeutet aber auch, dass der Besuch eines Seminars noch niemanden zum Pflanzenkenner macht – doch es ist ein Anfang. Erst, wenn die ersten Pflanzenarten „sitzen", Wegerich, Giersch und Gundermann vertraut sind, steht dem ersten selbstständigen Sammeln von Wildpflanzen nichts mehr im Wege. Aber aufgepasst: Die wichtigsten Giftpflanzen-Arten sollten bekannt sein, wodurch wirklich gravierende Verwechslungen schon ausgeschlossen werden können. Für den Anfang genügt es, zehn verschiedene Pflanzen sicher zu erkennen. Damit ist auf dem Speiseplan schon für Abwechslung gesorgt, und erfahrungsgemäß kommen ganz schnell mehr Pflanzen dazu.

Wildpflanzen entdecken mit Kindern und Jugendlichen

Wer mit Kindern und Jugendlichen essbare Wildpflanzen sammeln will, wird unterschiedliche Erfahrungen machen. Während jüngere Kinder mutige Entdecker sind, geben sich Jugendliche oft zurückhaltend und ängstlich. In beiden Fällen ist Aufklärung wichtig. Wer hat als Kind nicht einmal hier und dort ein Blättchen genascht oder auf Grashalmen gekaut? Kinder sind neugierig, unerschrocken und probieren gerne. Darin liegt der Vorteil und zugleich die Gefahr. Frühzeitig sollten Kinder auf die Risiken, die von giftigen Pflanzen ausgehen, hingewiesen werden, jedoch ohne ihnen dabei zu große Angst zu

machen. Manche Eltern haben Wege gefunden, schon kleinen Kindern zu erklären, was essbar und was ungenießbar oder gar hochgiftig ist. Die Unterscheidung zwischen „Bauchweh-Pflanzen", „Giftpflanzen" und „Leckerschmecker-Pflanzen" ist nur eine Variante, mit der die unterschiedlichen Wirkungen von Pflanzen erklärt werden können. Kinder, so bestätigen Experten, sind aber kaum gefährdet, die meisten Vergiftungen erleiden Erwachsene. Wahrscheinlich schützt die Kinder ihr noch ausgeprägter Instinkt, der sie sofort alles ausspucken lässt, was ihnen ungenießbar erscheint. Dieser natürliche Instinkt sollte erhalten bleiben, und so dürfen vor allem kleine Kinder nicht gedrängt werden, etwas zu essen, was ihnen nicht schmeckt.

Kinder ab acht Jahren können schon besser mit außergewöhnlichen Geschmacksrichtungen umgehen und auch bittere Kräuter länger und intensiver kosten. Dieses Alter ist ideal, um Kinder intensiver mit essbaren Wildpflanzen vertraut zu machen. Sie haben noch ausreichend Respekt vor der Wirkung der Pflanzen, sodass sie nicht jedes Kraut wahllos probieren. Sie sind aber auch mutig genug, um Neues zu entdecken. Viele Kinder prägen sich neben Aussehen und Standort von

Tipp

Nach dem Sammeln von Wildpflanzen in der freien Natur unbedingt den Körper nach Zecken absuchen und diese gegebenenfalls umgehend entfernen. Zecken können Lyme-Borreliose und Frühsommer-Meningoenzephalitis übertragen.

Prinzessin Blütennase! Spielerisch finden Kinder am einfachsten Zugang zu essbaren Wildpflanzen.

Pflanzen erstaunlicherweise auch deren Geschmack sehr schnell ein.

Vorbild sein

Wenn Kindern essbare Wildpflanzen nahe gebracht werden sollen, geht das nicht, ohne dass Eltern oder Erzieher selbst ausreichende Kenntnisse haben. Teilweise wird in Kindergärten ein grundsätzliches Verbot bezüglich des Pflückens oder Probierens von Pflanzen aus dem Garten ausgesprochen. Das erschwert besonders Rohkost-Kindern, die von ihren Eltern immer wieder zum Verzehr essbarer Pflanzen ermutigt werden, die Orientierung. In solchen Fällen kann es helfen, eine Diskussion über die Möglichkeiten der Heranführung der Kinder an das Thema anzuregen. Dieser Weg dürfte erfolgreicher und sicherer sein als ein Verbot. Schließlich kann nicht sichergestellt werden, dass die Kinder sich immer daran halten. Im Ernstfall sind Kinder, die kein Pflanzenwissen haben, mehr gefährdet als Kinder, die wissen, welche Pflanzen sie nicht essen dürfen und warum nicht.

Jugendliche Zurückhaltung

Bei Jugendlichen beherrscht viel mehr als bei jüngeren Kindern der Intellekt das Verhalten. Vorsicht und Angst vor dem Unbekannten dominieren die Lust auf Neues. Im Alter ab 13–14 Jahren trauen sich viele kaum ein Blatt in den Mund zu nehmen, es scheint ihnen peinlich und ist ungewohnt. Selbst auf organisierten Führungen sind manche Schüler nicht zu bewegen, Pflanzen zu probieren. Eine Pflanze, welche die meisten letztendlich überzeugt, ist die Linde mit ihren mild und angenehm schmeckenden Blättern und Knospen. Der Warnhinweis, dass Giftpflanzen auch ernsten Schaden anrichten können, ist allerdings auch in dieser Altersgruppe angebracht. Allzu schnell kann sonst das Kosten von Wildpflanzen unter Jugendlichen zu einer Mutprobe werden.

Fuchsbandwurm

Angst vor Infektionen mit dem Fuchsbandwurm sind beim Verzehr von Wildkräutern unbegründet. Jahrelang war in diesem Zusammenhang immer wieder auf die Gefährlichkeit dieses Parasiten hingewiesen worden. Mittlerweile geben jedoch auch Mediziner Entwarnung und vertreten die Meinung, dass kein erhöhtes Risiko bestehe, sich beim Verzehr von Waldbeeren mit dem Fuchsbandwurm zu infizieren. Vielmehr wird heute davon ausgegangen, dass die Infektionsgefahr bei Personen, die in der Landwirtschaft tätig sind oder Umgang mit Hunden haben, deutlich höher liegt. Trotzdem braucht sich auch in diesem Fall niemand besonders zu fürchten, denn selbst Mediziner sprechen aufgrund der niedrigen Infektionsraten von einer sehr seltenen Krankheit. Statt vor dem Verzehr von Waldbeeren zu warnen, wird in aktuellen Veröffentlichungen zur regelmäßigen Entwurmung von Hunden und Katzen in kürzeren Abständen geraten.

Achtung, giftig!

Wildpflanzen sind gesund. Die allermeisten jedenfalls.
Aber es gibt auch welche, deren Inhaltsstoffe alles andere als
bekömmlich sind. Die Kunst besteht darin, die einen von den
anderen zu unterscheiden.

Giftige Pflanzen unterscheiden sich von essbaren Pflanzen durch ihren Gehalt an toxisch wirkenden Inhaltsstoffen (Toxinen). Dieser hängt unter anderem ab von Standort, Klima und Jahreszeit, von der Sonneneinstrahlung und vom Entwicklungsstadium der Pflanze. In ein und derselben Pflanzenart können auch mehrere toxisch wirkende Substanzen enthalten sein. Allerdings finden sich diese nicht zwangsläufig in allen Pflanzenteilen im selben Maß. Manchmal sind beispielsweise nur die Samen giftig. Dass nicht sämtliche Pflanzenteile essbar sind, kennen Sie auch von Gemüsearten, etwa Tomate oder Kartoffel.

Giftpflanzen

Nur sehr wenige Pflanzen sind so stark giftig, dass sie landläufig als „Giftpflanzen" bezeichnet werden. Diese Gewächse sollten Sie unbedingt kennen – und selbstredend ihren Verzehr vermeiden. Auch sollten Sie mit diesen Pflanzen keinesfalls Experimente machen, nach dem Motto: „Mal sehen, wieviel ich davon vertrage." Zwar könnte eventuell etwas dran sein an der Meinung, dass jemandem, der eine Ernährung mit Wildpflanzen gewöhnt ist, der Verzehr auch von Pflanzen mit giftigen Inhaltsstoffen weniger schadet als anderen Menschen, aber niemand kann abschätzen, ab welcher Aufnahmemenge ein Toxin für ihn persönlich schädlich werden kann. Daher noch einmal: Keine Experimente!
Dringend sei auch davon abgeraten, Heilpflanzen selbst zu dosieren und anzuwenden. In käuflichen Medikamenten liegen definierte Mengen eines Wirkstoffes vor, hingegen ist die Menge des Wirkstoffs in der frischen Pflanze nicht abschätzbar.

Die Menge macht's

Ob eine Pflanze giftig ist oder nicht, lässt sich nicht immer eindeutig beantworten und hängt nicht zuletzt von der persönlichen Verträglichkeit ab. Auch schwach giftige Pflanzen können bei Aufnahme großer Mengen giftig wirken. Anders ausgedrückt: Die Grenze

Finger weg von Giftpflanzen!

Tipp

Stark giftige Pflanzen sollten Sie vorsichtshalber gar nicht erst pflücken, da Toxine zum Teil auch über die Haut aufgenommen werden können.

zwischen „unbekömmlich" und „giftig" ist fließend. Kleine Mengen schwach giftiger oder als ungiftig eingestufter Pflanzen schaden zwar nicht unmittelbar, können aber bei regelmäßigem Verzehr über längere Zeit eventuell ebenfalls Schäden hervorrufen.

Zu tödlichen Vergiftungen kommt es erst bei Aufnahme einer bestimmten Menge an Giftpflanzen. Ein Blatt der Herbstzeitlose löst Beschwerden aus, ab drei bis fünf Blättern kann es aber schon lebensbedrohlich werden, und mehr als zehn Blätter sind absolut tödlich. Solche Angaben sind jedoch äußerst vage, denn im Einzelfall kann schon ein einziges Blatt zuviel sein. Ist die Pflanze roh und unzubereitet, wird es allerdings ohne Überwindung kaum möglich sein, viel davon zu verzehren. Allein schon der bittere Geschmack dieser Pflanze sollte jeden davon abhalten. Weil aber manche meinen, dass eine gesundheitsdienliche

> ### Gift schmeckt scheußlich
>
> Erste Warnzeichen für Unverträglichkeit und Giftigkeit von Pflanzen können sein:
> > Brennen im Mund
> > schlechter Geschmack
> > Widerwillen

Pflanze auch schlecht schmecken muss, wird immer wieder versucht, sie trotzdem zu essen und den Geschmack zu mildern. Wenn Pflanzen jedoch gekocht oder als Salat angemacht werden, ist es durchaus möglich, dass ein abschreckender Geschmack dabei verloren geht, die toxischen Inhaltsstoffe jedoch erhalten bleiben oder sogar erst recht freigesetzt werden.

Auch ungiftige Pflanzen mit sehr speziellem Geschmack haben meist einen hohen Gehalt an wirksamen Inhaltsstof-

Was tun bei Notfällen?

Tipp

Sollte trotz aller Vorsicht durch Verwechslung einmal ein Unfall passieren und etwas Falsches gegessen werden, dann sind die Giftnotruf-Zentralen die richtigen Ansprechpartner. Um der Gefahr des Verschluckens vorzubeugen, wird vor dem Auslösen von Erbrechen in den meisten Fällen abgeraten. Aufgelöste Kohle-Kompretten oder Heilerde können gegeben werden, um die Giftstoffe zu binden. Gleichzeitig sollte für eine hohe Flüssigkeitszufuhr gesorgt werden. Getränke, die Fett, Alkohol oder hohe Mengen Kochsalz enthalten, eignen sich allerdings nicht dafür. Sie könnten die Freisetzung von giftigen Inhaltsstoffen verstärken oder den Betroffenen zusätzlich schädigen.

fen und sollten nicht massenhaft verzehrt werden. Nach einigen Blättchen schon werden Sie eine Abneigung verspüren, die Sie von weiterem Verzehr abhält. Wer sich von Wildpflanzen ernährt, kennt seine Grenzen. Das ist bei Exkursionen immer wieder gut zu beobachten. Werden im Frühjahr die ersten Blätter des Scharbockskrauts noch mit Begeisterung gekaut, ist es nach einer bestimmten Menge dann aber auch genug. Wer sich nach dieser reflexartigen Reaktion richtet, wird nie zuviel von einer Pflanze zu sich nehmen.
Auffällig ist auch, dass Personen mit Unverträglichkeiten oder Krankheiten, die den Verzicht auf bestimmte Pflanzenarten nahelegen, gegen just diese eine natürliche Abneigung empfinden. Rheumapatienten beispielsweise gehören zu den Personen, die häufig eine Abneigung gegen oxalsäurehaltige Pflanzen wie Sauerampfer oder Rhabarber hegen. Dieser natürliche Instinkt sollte bei der Wahl und der Menge der zu verzehrenden Pflanzen immer berücksichtigt werden.
Wagemutige, die – entgegen aller Empfehlungen – unbedingt auch eine fremde Pflanze probieren wollen, sollten sich darüber im Klaren sein, dass dies gesundheitsschädlich sein könnte,

Die Blüten machen den Bärlauch unverwechselbar und können als essbare Dekoration genutzt werden.

Verwechslungsgefahr

An dieser Stelle sämtliche giftigen Pflanzen aufzuführen, die bei uns wachsen, würde den Rahmen dieses Buchs eindeutig sprengen. Hinweise auf einschlägige Literatur finden Sie im Serviceteil auf Seite 143. Im Folgenden möchte ich allerdings auf Verwechslungen hinweisen, die häufiger beobachtet werden.

Die Ursache dafür, dass manche giftigen und ungiftigen Pflanzen immer wieder verwechselt werden, liegt vor allem in deren Ähnlichkeit begründet. Manchmal wird beim Sammeln aber auch einfach nicht bemerkt, dass am Wuchsort giftige Pflanzen mit den essbaren eng vergesellschaftet sind – und aus Unachtsamkeit werden die giftigen dann mitgeerntet. Am selben Ort zu finden sind etwa Giersch und Wald-Bingelkraut im zeitigen Frühjahr oder Bärlauch und Aronstab.

selbst, wenn sie nur eine kleine Menge kosten. Manche Gifte haben zudem eine lange Latenzzeit, das heißt, ihre Wirkung kann auch erst nach einigen Stunden oder gar erst am nächsten Tag eintreten. Dann ist es für Gegenmaßnahmen möglicherweise aber schon zu spät.

Die allermeisten giftigen Pflanzen schmecken abscheulich oder rufen Verätzungen im Mund- und Rachenraum hervor und machen so auf sich aufmerksam. Niemals sollten Sie daher rasch größere Mengen unbekannter Pflanzen verzehren. Dies würde bedeuten, dass Sie das natürliche Warnsystem außer Kraft setzen würden.

Pflanzen, die häufig verwechselt werden

Essbare Wildpflanzen	Giftpflanzen
Bärlauch	Maiglöckchen, Herbstzeitlose, Aronstab
Wiesenkerbel, Wilde Möhre	Schierling, Giftiger Wasserschierling
Veilchenblätter	Haselwurzblätter
Giersch	Wald-Bingelkraut
Fichte	Eibe
Beinwell	Roter Fingerhut
Acker-Schachtelhalm	Sumpf-Schachtelhalm
Blätter vom Wiesen-Storchschnabel	Blätter vom Gelben Eisenhut

Die Einfachen – für Anfänger

Für Einsteiger, die auf dem Gebiet der essbaren Wildpflanzen noch wenig bewandert sind, sind die nachfolgend beschriebenen Pflanzenarten besonders zu empfehlen.

Die folgenden Pflanzen wurden unter verschiedenen Gesichtspunkten ausgewählt: Sie sind fast überall verbreitet, leicht und sicher zu erkennen und im Geschmack nicht zu außergewöhnlich.

> Verlockende Lindenblätter im Frühjahrsaustrieb – mild, weich und lecker im Geschmack.

Reichlich oder sparsam verzehren?

Unter den essbaren Wildpflanzen finden sich solche, die in großen Mengen gegessen werden, wie die Vogelmiere, Lindenblätter oder die Brennnessel, sowie stark aromatische Pflanzen wie der Gundermann, die vorwiegend als würzende Zugabe Verwendung finden. Schmeckt eine Pflanze sehr intensiv, ist das zugleich ein Hinweis darauf, dass davon nur eine kleinere Menge verzehrt werden sollte. Die Natur hat es so eingerichtet, dass unser Geschmackssinn die Menge an aufgenommenen Stoffen reguliert. Es wäre nicht zu empfehlen, sich diesbezüglich zu überwinden, um eine bestimmte Wirkung zu erreichen. Pflanzen mit hohem Gehalt an Wirkstoffen und starkem Aroma sollten nicht alleine über längere Zeit verwendet werden. Eine einseitige Zufuhr an bestimmten Inhaltsstoffen kann mehr schaden als nutzen. Eine ausgewogene Mischung aus milden und aromatischen Pflanzen stellt Inhalts- und Wirkstoffe in ausreichendem Maß bereit.

Linden
Tilia spec.
Familie Malvengewächse *(Malvaceae)*

Fast überall, in jeder Stadt und in der freien Natur werden Lindenbäume gepflanzt. Es gibt unterschiedliche Arten und Sorten davon, die zwei bedeutendsten sind die Sommer-Linde und die Winter-Linde. Alle Arten und auch gärtnerischen Sorten können verzehrt werden, sie unterscheiden sich hauptsächlich in Blattgröße, Festigkeit und Behaarung der Blätter. Lindenblätter schmecken sehr mild, ihre Beschaffenheit reicht von weich bis fest. Aber nicht nur die Blätter, auch Blütenknospen und Blüten sowie die jungen Früchte können Sie essen. In sämtlichen Pflanzenteilen sind Schleimstoffe zu finden, welche die weiche Konsistenz ausmachen. Im Spätwinter können auch die jungen Knospen geknabbert werden, sie quellen im Mund auf und erwecken nach etwas Kauen den Eindruck, als wäre es ein ganzes Blatt. Lindenblätter sind die richtigen Kostproben für Anfänger, sie

überzeugen jeden von der Genießbarkeit essbarer Wildpflanzen.

Gewöhnliche Vogelmiere
Stellaria media
Familie Nelkengewächse
(Caryophyllaceae)

Die Vogelmiere ist ein polsterartig wachsendes einjähriges Kraut von hellgrüner Farbe. Im Frühjahr und im Herbst, wenn genügend Feuchtigkeit vorhanden ist, wächst sie besonders kräftig. Sie gedeiht an nährstoffreichen, bevorzugt feuchten Plätzen in der freien Natur, auch im Wald, in Blumenbeeten und an Wegrändern oder als Ackerunkraut. Da sie wie die Brennnessel ein Stickstoffzeiger ist, sollten Sie vor einer Ernte prüfen, ob die Stelle, an der Sie sie gefunden haben, nicht auch bei Hunden sehr beliebt ist.
Vogelmiere enthält große Mengen an Vitamin C. Ihr Geschmack ist mild-süß-

Auch Birken sind lecker

Tipp

Neben der Linde bieten auch zahlreiche andere Bäume genussvollen Nutzen. Von der Birke beispielsweise kann im Frühjahr Saft abgezapft werden, und ihre Blätter können ebenso verzehrt werden wie die pollenhaltigen männlichen Blütenstände, die Kätzchen.

lich, daher wird sie auch von Kindern gern gegessen. Sie lassen sich dafür sogar mehr begeistern als für einen gewöhnlichen Kopfsalat, den sie bezüglich ihrer Inhaltsstoffe auch noch um Längen schlägt. Neben einem Vielfachen an Mineralstoffen enthält sie über siebenmal soviel Eisen und etwa neunmal soviel Vitamin C wie der Kopfsalat. Wertvolle andere Inhaltsstoffe, wie beispielsweise Kieselsäure und Gammalinolensäure, sowie zahlreiche Sekundäre Pflanzeninhaltsstoffe wie Flavonoide,

Saponine und andere mehr, machen sie zu einem äußerst wertvollen Wildkraut, das sooft wie möglich auf den Tisch kommen sollte. Vogelmiere kann nicht nur zu Salat oder rohen Gemüsegerichten verwendet werden, sondern auch gemeinsam mit Obst verzehrt oder zu Smoothies verarbeitet werden.

Gewöhnlicher Löwenzahn

Taraxacum officinale agg.
Familie Korbblütler *(Asteraceae)*

Den Löwenzahn, so meint man, kennt jedes Kind, und doch wird man bei genauem Hinsehen feststellen, dass es auf einer Wiese mehr als nur eine Art gelbblühender Korbblütler gibt - was Anfänger im Pflanzensammeln leicht verunsichern kann. Doch keine Sorge: Neben dem Löwenzahn eignen sich auch Hainsalat, Herbst-Löwenzahn und Gewöhnliches Ferkelkraut zum Verzehr. Sollten diejenigen Recht haben, die behaupten, dass in unserer unmittelbaren Nähe das wächst, was wir brauchen, dann brauchen wir den Löwenzahn, der sich seinen Weg sogar durch den Teer bricht, ganz besonders. Die darin enthaltenen Bitterstoffe machen seinen

Mit Stumpf und Stiel

Beim Löwenzahn lässt sich die ganze Pflanze von der Wurzel über Blätter und Stängel bis zur Blüte nutzen.

Tipp

Die Löwenzahnblüte als Krönung auf Grünem Frühlingssalat mit Linde (Rezept auf Seite 99).

Leckeres Pilzgericht:
Shiitake-Timbale im Vogelmierekranz
(Rezept auf Seite 104).

Geschmack zwar etwas herb, sorgen
aber für gute Verdauung und wirken
durchblutungsfördernd und antriebs-
steigernd. Darüber hinaus wirkt der
Löwenzahn basenbildend, was ihn nicht
nur bei Gicht- und Rheumakranken
beliebt macht.
Die Wurzeln können kleingeschnitten
als Gemüse verzehrt werden. Wer Blätter und Stängel von den Bitterstoffen
befreien will, legt sie in Wasser, büßt
somit aber auch einen Teil der Wirkung
ein. Kinder tun sich manchmal etwas
schwer mit dem bitteren Geschmack
des Löwenzahns, was verständlich ist,
wenn man bedenkt, dass sie ein viel
intensiveres Geschmacksempfinden als
Erwachsene haben. Die Blüten aus dem

Blütenstand dagegen schmecken honig-
artig süß, sie eignen sich als milde
Zugabe zu vielen Gerichten.

Brennnesseln
Urtica spec.
Familie Brennnesselgewächse
(Urticaceae)

Die beiden bei uns verbreiteten Brenn-
nesselarten Große Brennnessel und
Kleine Brennnessel sind an nährstoffreichen Stellen zu finden. Sie wurden früher häufiger in der Küche verwendet –
etwa als Ersatz für Spinat. Die
Brennhaare, die an der ganzen Pflanze
zu finden sind, machen ihre Ernte etwas
schwierig. Wenn Sie größere Mengen
davon verwenden wollen, ernten Sie sie
am besten mit Handschuhen und bear-
beiten die abgezupften Blätter zu Hause
zunächst mit einem Nudelholz. Einzelne Blätter lassen sich vorsichtig mit
der Wuchsrichtung der Brennhaare
abzupfen. Rollen Sie die Blätter dann

mit Druck zusammen, brechen die Brennhaare, und Sie können die Blätter direkt verzehren. Wer einmal gesehen hat, wie es funktioniert, verliert die Scheu davor.

Brennnesseln sind wertvolle Eiweiß-, Vitamin-C-, Kieselsäure- und Eisen-Lieferanten. Wegen ihrer zahlreichen Heilwirkungen werden sie nicht nur von Rohköstlern gerne genutzt. Ihre blutreinigende, harntreibende und entgiftende Wirkung macht sie vor allem für Frühjahrskuren beliebt. Wer an Blutarmut leidet, wird Brennnesseln besonders schätzen. Sie werden außerdem bei Rheuma, Verdauungsbeschwerden und zahlreichen anderen Leiden empfohlen. Wer die Blätter nicht im Ganzen oder kleingehackt verzehren will, der kann auch ihren Saft auspressen. Mit einer Presse, wie sie zum Pressen von Weizengrassaft im Handel erhältlich ist, lässt sich der Saft leicht gewinnen. Die Zugabe von Brennnesseln zu Fruchtpürees oder Smoothies ist ebenfalls eine Variante. Keine Angst, die Brennnesseln sind dann vollkommen ungefährlich und schmecken so auch Kindern. Zwei leckere Rezepte finden Sie auf Seite 127. Brennnesselblätter schmecken etwas eigen, aber aromatisch-mild. Neben den Blättern können auch die Blütenstände und die Samen verwendet werden. Vor allem die Samen haben einen nussigen Geschmack und machen sich gut über Salat und Müsli gestreut. Sie enthalten unter anderem wertvolles Öl, das reich ist an Linolsäure und Vitamin E.

> Mousse au Chocolat mit Roter Taubnessel – eine süße Verführung! (Rezept auf Seite 116)

Taubnesseln
Lamium spec.
Familie Lippenblütler *(Lamiaceae)*

Zu den bei uns verbreiteten und häufig vorkommenden Taubnesselarten zählen Weiße Taubnessel, Gefleckte Taubnessel, Rote Taubnessel und die Goldnessel. Vielen sind diese Pflanzen noch aus der Kindheit bekannt, als sie gerne deren nektarhaltige Blüten ausgelutscht haben. Man findet Taubnesseln in Wäldern oder am Waldrand, auch an Wegrändern auf nährstoffreichem, lehmigem Boden. Die Rote Taubnessel ist ein verbreitetes Ackerunkraut. Aufgrund ihres schnellen Wachstums und ihrer starken Vermehrung mit mehreren Generationen pro Jahr tritt sie in Massen auf – auch noch im Herbst, beispielsweise auf abgeernteten Flächen. Die Goldnessel ist eine wintergrüne, kriechende Staude, die in Gärten gerne als Bodendecker gepflanzt wird. Weil sie ihre Blätter erst im Frühjahr wechselt, kann sie auch im Winter gesammelt werden.

Blätter und junge Triebe von Taubnesseln haben ein mildes Aroma; jede Art hat eine andere süßlich-aromatische Geschmacksnuance zu bieten. Die Blüten schmecken süß. Wer die Samen der Taubnesseln sammelt, kann im Winter versuchen, daraus Sprossen zu ziehen. Volksmedizin und Naturheilkunde empfehlen die Weiße Taubnessel unter anderem bei Erkrankungen der Atemwege. Sie enthält neben zahlreichen Mineralstoffen und Spurenelementen auch Schleimstoffe, Gerbstoffe, Saponine, Flavonoide,

> **Tipp**
> Von der Brennnessel lohnt es sich, einen **Wintervorrat** an getrockneten Samen und Blättern anzulegen.

ätherische Öle und andere wertvolle Inhaltsstoffe. Äußerlich wird die Anwendung bei Hautkrankheiten empfohlen.
Taubnesseln können pur oder als Salat
und Gemüse gegessen werden, sie harmonieren ebenso mit Obst und eignen
sich für Desserts.

Bärlauch

Allium ursinum
Familie Lauchgewächse *(Alliaceae)*

Zwischenzeitlich fast in Vergessenheit
geraten, hat der Bärlauch in den letzten
Jahren eine regelrechte Renaissance
erfahren. Mittlerweile wird er nicht nur
häufig gesammelt, er wird auch auf
Wochenmärkten und in gut sortierten
Gemüsegeschäften angeboten. Sein
Erscheinen im zeitigen Frühjahr macht
ihn zu einer der ersten essbaren Wildpflanzen im Jahr, die in großen Mengen
geerntet werden können.

Aufgepasst!

Beim Sammeln von Bärlauch kommt es leider
immer wieder zu folgenschweren Verwechslungen.
Auch wenn oft empfohlen wird, auf den typischen
knoblauchähnlichen Geruch zu achten, ist dieses
Merkmal alleine nicht ausreichend. Schon nach
den ersten geernteten Blättern haftet der Geruch
an den Händen und kann den Sammler dann in die
Irre führen. Bärlauch wächst vor allem im Wald
und an feuchten Ufern. Dort kann er gemeinsam
mit giftigen Maiglöckchen und Aronstab auftreten.
An Übergängen von Feuchtwiesen zu bewaldeten
Flächen oder baumgesäumten Bachrändern können auch die sehr giftigen Blätter der Herbstzeitlo-
sen zwischen den Bärlauchpflanzen zu finden sein.
Deshalb: Vergewissern Sie sich vor dem Pflücken
immer, dass Sie sämtliche Merkmale, die Sie in
Bestimmungsbüchern angegeben finden, auch
beachtet haben. Anfängern sei eine Kräuterfüh-
rung unter sachkundiger Anleitung ans Herz
gelegt.

Die Erntezeit für Bärlauch ist nur kurz, meist erscheinen die ersten Blättchen im März. Vier bis sechs Wochen später blüht die Pflanze bereits, und die Blätter beginnen zu verwelken. Blätter und Blüten können ebenso wie die Zwiebel frisch verzehrt werden; sogar die Samen lassen sich frisch oder getrocknet als Gewürz verwenden. Bärlauch schmeckt intensiv nach Knoblauch und hat eine gewisse Schärfe. Er eignet sich daher vor allem für deftige Rohkost-Gemüse. Da die Zeit, in der er genutzt werden kann, so kurz und sein Geschmack so dominant ist, braucht es keine weiteren Wildkräuter zur Kombination. Probieren Sie beispielsweise einmal rohes Kohlrabigemüse mit Bärlauch.

Der Bärlauch wird seiner medizinischen Wirkung halber seit dem Altertum geschätzt. Er enthält vor allem eine hohe Konzentration an schwefelhaltigem Alliin. Bärlauch soll die Blutzirkulation verbessern, Arteriosklerose, Herzinfarkt und Schlaganfall vorbeugen, die Verdauung in Schwung bringen und das Immunsystem stärken. Bärlauch wirkt außerdem gegen Bakterien und Pilze. Schon ab Februar trifft man auf den ebenfalls intensiv würzigen wilden Schnittlauch, und im Garten kann der etwas milder schmeckende Dreikantige Lauch als Schattenstaude angepflanzt und kulinarisch genutzt werden.

Franzosenkraut, Knopfkraut

Galinsoga spec.
Familie Korbblütler *(Asteraceae)*

Weil die Franzosen- oder Knopfkräuter, wie sie auch genannt werden, angenehm mild-nussig schmeckende Wildpflanzen sind, eignen auch sie sich sehr gut für Anfänger zur regelmäßigen Verwendung in Rohkostgerichten. Zwei Arten kommen – häufig sogar am selben Standort – bei uns vor: Das Kleinblütige Knopfkraut und das Behaarte Franzosenkraut. Auch alle anderen mitteleuropäischen *Galinsoga*-Arten sind als essbare Wildpflanzen zu nutzen. Ursprünglich stammen die Knopfkräuter aus Mittel- und Südamerika, sie sind erst zu Anfang beziehungsweise Mitte des 19. Jahrhunderts zu uns gekommen. Vermutlich gelangten sie aus botanischen Gärten in die Natur, mittlerweile aber sind sie so weit verbreitet, dass sie nicht nur als Ackerunkräuter bekämpft werden, sondern sich auch in städtischen Bereichen, in Mauerritzen und auf Ruderalflächen breit machen. Die einjährigen Pflanzen säen sich fortwährend aus und erobern dadurch schnell große Flächen.

Nutzen können Sie die oberirdischen Pflanzenteile. Junge Triebe lassen sich komplett verwenden, spätestens ab der Blüte werden die älteren Stängel aber etwas hart. Triebe und Blätter können pur oder gemischt mit anderen Wildkräutern zu Salat oder Gemüse verarbeitet werden. Ihr Geschmack ist sehr mild-nussig und kommt dem von Sonnenblumenkernen am nächsten. Knopfkräuter enthalten viel Carotin und Vitamin C sowie hohe Mengen an Eisen und Mangan. Die zahlreichen Samen können Sie sammeln und im Winter zum Anziehen von Sprossen verwenden.

Echte Brombeere

Rubus fruticosus
Familie Rosengewächse *(Rosaceae)*

Brombeeren sind weit verbreitet, man findet sie am Waldrand, an Hecken, Rainen und in Gärten. Üblicherweise werden die Früchte genutzt, sie können meist ab August geerntet werden. Für

Aparte kleine Blüte und grandioser Geschmack nach Sonnenblumenkernen: das Behaarte Franzosenkraut.

Rohköstler aber von noch größerer Bedeutung sind die Blätter, denn diese lassen sich das ganze Jahr über verwenden. Im Winter sind sie oft das einzige Grün, das ohne langes Suchen gefunden werden kann. Sie sind von fester Konsistenz und trotzen auch sehr tiefen Temperaturen. Vor dem Verzehr der Blätter sollte die bestachelte Mittelrippe auf der Blattunterseite entfernt werden, dann steht einem Frischverzehr nichts mehr entgegen.

Wer Brombeerblätter nicht pur essen mag, hackt sie klein und verwendet sie im Müsli, zu Salat oder Gemüse oder als Bestandteil von Smoothies. Die jungen Blätter sind etwas frischer und saftiger, aber wenn sie im Frühjahr erscheinen, haben Rohköstler meist genug von Brombeerblättern und wenden sich den frisch sprießenden Kräutern zu. Spätestens zu Beginn des Winters bereichern die Brombeerblätter jedoch wieder den Speisezettel.

Die Brombeerfrüchte zeichnen sich durch einen vergleichsweise hohen Gehalt an Eisen aus. Ihre intensive Farbe stammt von den enthaltenen Anthocyanen, denen eine zellschützende und krebsvorbeugende Wirkung zugeschrieben wird.

Herb, aber gesund

Der hohe Gehalt an Gerbstoffen macht den Geschmack der Brombeerblätter trocken und herb. Dies mögen Anfänger zunächst als etwas störend empfinden, sollten sich aber nicht davon abschrecken lassen. Sogenannte Adstringenzien, zu denen auch die Gerbstoffe gehören, bewirken eine Art Oberflächenverschluss, was zur Beendigung von Blutungen oder Unterbindung von Absonderungen aus Drüsen oder Schleimhäuten des Körpers führt und ein trockenes Gefühl im Mund erzeugt. Gerbstoffe wirken dadurch entzündungshemmend und blutstillend. Sie unterstützen die Wundheilung, wirken gegen Pilze, Bakterien und Viren, schützen die Schleimhäute und helfen bei Durchfall.

Gundermann, Gundelrebe

Glechoma hederacea
Familie Lippenblütler *(Lamiaceae)*

Gundermann findet sich fast in jedem Garten, er wächst auf Wiesen und Frei-

flächen, an Säumen und Waldrändern, aber auch aus Mauerritzen, solange er genügend Nährstoffe findet. Mit ihren langen Trieben schlängelt sich die

Gundermann oder Gundelrebe – wer an dieser Pflanze einmal Geschmack gefunden hat, sucht und findet sie überall.

viele andere Lippenblütler auch, an ätherischen Ölen. Er wirkt schleimlösend und stoffwechselanregend. Die Volksmedizin empfiehlt die Anwendung von Gundermann unter anderem bei Erkrankungen der Bronchien und bei Schnupfen sowie bei Magen- und Darmbeschwerden.

Giersch, Geißfuß

Aegopodium podagraria
Familie Doldenblütler *(Apiaceae)*

Der Giersch ist der Feind der Gärtner und der Freund der Rohköstler. Die wuchskräftige, bis zu 1 m hohe Pflanze breitet sich in halbschattigen Lagen an Waldrändern, in Gärten und an Wegen sehr schnell aus und ist aufgrund ihrer tiefreichenden unterirdischen Wurzelausläufer der Alptraum aller Gärtner. Sollten Sie gar keine Möglichkeit sehen, geeignete Fundstellen für diese Wildpflanze zu finden, fragen Sie doch einmal bei einem der zahlreichen Kleingartenvereine an. Bestimmt finden sich dort Parzellenpächter, die froh sind, wenn jemand regelmäßig zum Ernten kommt. Solche Partnerschaften zum gegenseitigen Nutzen können bestens funktionieren – aber natürlich nur dann, wenn im betreffenden Garten auf den Einsatz von Pestiziden verzichtet wird. Den Namen Geißfuß trägt der Giersch aufgrund der Ähnlichkeit seiner teilweise verwachsenen Blattfiedern mit dem Fuß einer Ziege. Für Anfänger mögen diese Verwachsungen die Identi-

Pflanze am Boden entlang und breitet sich so oft auf großer Fläche aus.
Am Gundermann scheiden sich die Geister. Die einen lieben seinen Geschmack, die anderen verabscheuen ihn. Vielleicht war es dieser besondere Geschmack, welcher ihm die Verwendung als Zauberpflanze eingebracht hat. Seine Blätter haben ein ganz eigenes, harzig-aromatisches Aroma mit einer milden Süße. Die Blüten schmecken mild-süßlich. Der Gundermann wächst ausdauernd und ist wintergrün, sodass er auch im Winter noch verwendet werden kann. Er wird manchmal mit dem Kriechenden Günsel oder auch mit der Braunelle verwechselt. Das ist aber nicht tragisch, denn beide Arten sind gleichfalls essbar. Gundermannblätter und -blüten eignen sich als Gewürz für Salate und Rohkostgemüse, harmonieren aber auch sehr gut mit Obst. Der Gundermann ist reich an Bitterstoffen und Gerbstoffen und, wie

Die jungen, noch zarten Blätter des Gierschs passen im Geschmack hervorragend zu süßem Obst.

fikation der Pflanze manchmal erschweren, wird doch in der Regel auf die dreizähligen oder doppelt-dreizählig gefiederten Blätter verwiesen. Unverwechselbar macht den Giersch aber der im Querschnitt dreikantige Blattstiel. Junge Gierschblätter schmecken noch mild-aromatisch und erinnern stark an das Kraut von Möhren. Je älter sie werden, umso kräftiger wird ihr Aroma. Auch die Blüten und die Blattstiele können verzehrt werden. Die Früchte lassen sich frisch oder getrocknet als Gewürz verwenden. Giersch enthält große Mengen Eiweiß und Vitamin C, etwa zehn- beziehungsweise fünfzehnmal soviel wie der Kopfsalat. Seine Wirkung wird als entzündungshemmend, harntreibend und reinigend beschrieben. Rohköstler genießen das Kraut, wo immer es sich finden lässt, am besten von der Hand in den Mund oder zusammen mit frischem Obst. Letztere Vari-

ante findet viele Anhänger, mildert doch der Giersch die starke Süße zum Beispiel von Bananen und verleiht dem Obst mit seinem Aroma eine harmonische Abrundung des Geschmacks. Nach solch einer Mahlzeit fühlt man sich rundum gesättigt und gut versorgt.

Mit Giersch gegen Gicht

Der Artname *podagraria* sowie auch der alte deutsche Name Zipperleinskraut weisen auf die traditionelle Verwendung des Gierschs als Heilmittel gegen schmerzhafte Schwellungen in Gelenken durch Gicht hin. Betreffen solche Schwellungen das Großzehengrundgelenk, nennt man sie auch Podagra. Gicht ist eine Stoffwechselerkrankung und wird verursacht durch eine harnsäurereiche Ernährung. Sie gilt als typische Wohlstandserkrankung. Zur Behandlung wird eine Kur mit Frischsaft aus Giersch empfohlen.

Wildpflanzen im Jahreslauf

Je nach Jahreszeit sammeln Rohköstler bevorzugt diejenigen Pflanzen, welche die Natur gerade frisch und in bester Qualität bereit hält.

Im Frühjahr sind es die frischen jungen Kräuter und die aufbrechenden Blattknospen der Bäume, die besonders gut schmecken. Der Sommer bringt die ganze Fülle an Kräutern, Baumblättern, Blüten und frühen Wildfrüchten. Im Hochsommer kann auch der sogenannte Johannistrieb, der zweite Blattaustrieb der Bäume, genutzt werden. Haben viele Kräuter an heißen, trockenen Sommertagen schlapp gemacht und kaum neu ausgetrieben, ergrünen im Herbst nun Vogelmiere, Rote Taubnessel und viele andere wieder neu, fast so, als würde die Natur ein zweites Mal erwachen, bevor der Winter dann mit Grünem geizt.

Frühjahr

Viele Kräuter, die im zeitigen Frühjahr erscheinen, haben besondere Eigenschaften. Sie sind häufig scharf oder zumindest besonders würzig, wirken verdauungsanregend, entwässernd und blutreinigend oder enthalten sehr viele Vitamine und eignen sich somit zur Anregung des Stoffwechsels besonders gut.

Bärlauch, Dreikantiger Lauch und wilder Schnittlauch wirken durch ihren Gehalt an Lauchölen. Wiesen-Schaumkraut, Bitteres Schaumkraut, Brunnenkresse oder auch die Knoblauchsrauke enthalten Senföle, die ihnen Schärfe verleihen. Senföle wirken wie natürliche Antibiotika gegen Bakterien- und Pilzinfektionen.

Viele Frühjahrskräuter enthalten große Mengen Vitamin C. Besonders hervorzuheben ist in dieser Hinsicht das Scharbockskraut. Seine säuerlichen, leicht scharfen Blätter können ähnlich wie der Sauerampfer verwendet werden. Entwässernde Wirkung hat zum Beispiel der Löwenzahn. Volkstümliche

Vitaminbombe Scharbockskraut

Das Scharbockskraut mit seinen runden Blättchen und gelben Blüten breitet sich im zeitigen Frühjahr an vielen schattigen Stellen aus. „Scharbock" ist eine alte Bezeichnung für Skorbut, der früher gefürchteten Erkrankung infolge Unterversorgung mit Vitamin C. Das Scharbockskraut ist eines der ersten Frühjahrskräuter und war in Zeiten, in denen sich die Menschen noch von Wildpflanzen ernährten, aber auch in von Krieg und Armut geprägten Zeiten, ein sehnlich erwartetes Frühjahrskraut. Sein hoher Gehalt an Vitamin C war die erste Vitaminspritze im Jahr, nach einer langen, vitaminarmen Winterzeit. Ab dem Zeitpunkt der Blüte allerdings steigt der Gehalt an Protoanemonin, ein Inhaltsstoff, der Magen-, Darm- und Nierenreizungen hervorrufen kann. Allgemein empfiehlt sich dieses Kraut nur in kleinen Mengen zum Verzehr, ab der Blüte sollte ganz darauf verzichtet werden.

Namen wie Pissblume, Bettseicher oder Pis-en-lit hat er dieser Wirkung zu verdanken. Auch Blätter und Saft der Birke sowie Brennnesseln wirken entwässernd. Im Frühjahr sind auch die ersten Blüten zu finden: Gänseblümchen, Veilchen, Löwenzahn und die zarten Blüten der Schaumkräuter bieten sich als schmackhafte Dekorationen für Rohkostgerichte an.

Viele Baumblätter, die später im Jahr eher herb oder bitter schmecken, sind im Frühjahr noch besonders mild und empfehlen sich daher vor allem in dieser Zeit zum Verzehr. Junge Buchenblätter oder die Blätter der Hainbuche und die stark gerbstoffhaltigen Blätter des Haselnussstrauchs sind kurz nach dem Austrieb angenehmer zu genießen. Junge Fichtentriebe, die gut an ihrem hellen Grün zu erkennen sind, haben einen leicht säuerlichen, frischen Geschmack und lohnen ebenfalls eine Kostprobe.

Sommer

Im Sommer hält die Natur zahlreiche Früchte, aber auch Kräuter bereit, die erfrischend und kühlend wirken. Jetzt empfiehlt es sich, Minzen und saure Früchte, etwa Johannisbeeren, zu ernten. Viele Kräuter sind nun hoch gewachsen und bieten sich für Ernte und Verzehr an: Schafgarbe, Labkräuter, Roter und Weißer Klee, Weidenröschen, Franzosenkraut, Weißer Gänsefuß und viele andere mehr.

Einige der Sommerkräuter sind hocharomatisch, etwa Wiesensalbei, Dost und Feld-Thymian. Ihr Gehalt an ätherischen Ölen steigt mit der Sonneneinstrahlung und verleiht ihnen antimikrobielle Wirkung. Sie können dadurch zur Vorbeugung von Infektionen genutzt werden, beispielsweise gegen Bakterien, die

> **Delikatesse am Wegesrand**
> *Tipp*
>
> Eine besondere Leckerei unterwegs sind die weichen geschälten Stängel und Blütenböden der Kohl-Kratzdistel, die in ihrem Geschmack an milde Artischocken erinnern.

Magen-Darmerkrankungen auslösen. Baumblätter, etwa von Birke, Ulme, Weißdorn oder Linde, bereichern ebenfalls den Sommer-Speiseplan.

Auch die Blütenpracht des Sommers sollte nicht ungenutzt bleiben: Blüten von Ziest, Nachtkerze und Königskerze, Wiesen-Storchschnabel, Malven, Wildrosen und viele andere mehr sind essbar. Ihr Geschmack ist meist mild-süßlich, daher sind sie auch bei Kindern sehr beliebt. Dabei muss nicht jede Blüte von einer Wildpflanze stammen, auch der Garten bietet viele Blüten-Delikatessen: Taglilien-, Lavendel-, Borretsch- und Kapuzinerkresseblüten, auch Ringelblumen- und Phloxblüten sowie Bartnelken schmecken hervorragend.

Die Fruchtauswahl reicht im Sommer von Heidelbeeren über Walderdbeeren, Himbeeren, Brombeeren bis zu den Früchten an verwilderten Mirabellen- und Pflaumenbäumen. Auch wilde Süßkirschen (Vogelkirschen) sind, obgleich kleiner als die Kulturfrüchte und im Geschmack weniger süß, sehr zu empfehlen. Zu den schon im frühen Sommer zu erntenden Früchten gehören die der Felsenbirnen. Die kleinen Sträucher werden häufig in Gärten und Parkanlagen gepflanzt, regional ist die Gewöhnliche Felsenbirne auch in der freien Landschaft zu finden. Auch wer auf einen Maulbeerbaum trifft, kann dessen Früchte mit Genuss verzehren.

Der Geschmack der Rose

Tipp

Es lohnt sich einmal die Blüten verschiedener Rosensorten aus dem Garten zu kosten. Genau wie sie sich im Duft von Sorte zu Sorte unterscheiden, ist auch ihr Geschmack ganz unterschiedlich. Die Nuancen reichen von zusammenziehend-herb bis betörend süß.

Der Schwarze Maulbeerbaum stammt ursprünglich aus Vorderasien, der Weiße Maulbeerbaum aus China, sie werden aber teilweise auch hierzulande in geschützten Lagen gepflanzt.

Wenn Sie Früchte wie Kirschen, die ersten Äpfel oder Beeren ernten, sollten Sie immer auch ein paar Blätter mit abzupfen und essen. Sie neutralisieren die Fruchtsäure im Mund und schützen so die Zähne. Dies gilt selbstverständlich nur für Pflanzen, deren Blätter auch essbar sind. Beim Holunder etwa sollten Sie auf den Verzehr der Blätter tunlichst verzichten. (Im Übrigen sind auch die Früchte des Holunders im rohen Zustand nur in kleinen Mengen zu empfehlen.)

Nicht nur Beerensträucher und Obstbäume tragen im Sommer Früchte, auch die Samen zahlreicher anderer Pflanzen

Wegerichblätter lassen sich auch zur Linderung von Insektenstichen nutzen. Eine Auflage aus zerkleinerten Blättern hilft nicht nur Schmerzen zu lindern, sondern auch eine Schwellung zu vermeiden. Ein Kind, das so versorgt wird, wenn es etwa auf eine Wespe getreten ist, profitiert nicht nur von der schnellen Linderung seiner Beschwerden, sondern gewinnt auch Vertrauen in die Heilkräfte der Natur.

Tipp

können geerntet werden. Der Samen der Knoblauchsrauke beispielsweise lässt sich als Gewürz wie Senfsamen verwenden.

Nicht zu vergessen die Pilze: In feuchten Sommern sind ab Juni schon die ersten Pfifferlinge zu finden. Pfifferlinge und Steinpilze, aber auch einige andere Speisepilze schmecken auch roh ausgesprochen gut.

Herbst

Mit dem Herbst nun beginnt die Vorbereitung für den Winter. Aber der Herbst ist auch die Zeit der großen Ernte. Als würde die Natur noch einmal ihre ganze Vielfalt unter Beweis stellen wollen, sind im frühen Herbst neben zahlreichen Kulturfrüchten – Äpfeln, Birnen, späten Pflaumen und Zwetschgen, Quitten etc. – auch Wildfrüchte wie Schlehen, Echte Mispeln, Sanddorn, Mehlbeeren und Ebereschen reif. In roher Form sind die Letztgenannten erst nach dem ersten Frost zu genießen, vorher schreckt meist ihr adstringierender (zusammenziehender) Geschmack ab. Für Mehlbeeren und Ebereschen gilt dasselbe wie für Holunder: Ihre rohen Früchte sollten nur in sehr geringen Mengen verzehrt werden, sie sind in größeren Mengen nicht bekömmlich. Der Herbst ist auch die Zeit fetthaltiger Nüsse und Samen von Bäumen. Haselnuss und Walnuss sind die Klassiker, aber auch Bucheckern und Esskastanien können verzehrt werden. Frisch sind letztere noch etwas herb im Geschmack, nach einigen Tagen der Lagerung aber gewinnen sie an Süße. Esskastanien lassen sich roh leicht schälen und auch zu einem süßen Püree verarbeiten. Sie enthalten im Gegensatz zu Nüssen wenig Fett, dafür aber mehr Stärke und Zucker.

Tipps für die Winterzeit

Der Winter, so möchte man meinen, hat nicht allzu viel Essbares zu bieten. Trotzdem lohnt es sich, mit offenen Augen durch die Natur zu streifen.

Bis Dezember findet sich vor allem an geschützten Plätzen noch das ein oder andere Kraut. Einige Pflanzenarten haben auch den Winter über grüne Blätter, so die Brombeeren, Gundermann, Goldnessel, Felsen-Fetthenne und der Kleine Wiesenknopf, an geschützten Stellen auch die Knoblauchsrauke. In vielen Gegenden sind auch die Blattrosetten von Wiesen-Schaumkraut und Behaartem Schaumkraut fast durchgängig zu finden.
In Gebieten, wo früh Schnee fällt und die Schneedecke lange Zeit geschlossen bleibt, kann es sich lohnen, auch unter dem Schnee nach Kräutern zu suchen. Wo eine dicke Schneedecke die Kräuter vor Kahlfrösten schützt, stößt man eventuell noch auf Blättchen von Löwenzahn, Veilchen, Wegerich oder Gänseblümchen zwischen Gundermann, Kleinem Wiesenknopf und Gras. Gras schmeckt im Winter erstaunlicherweise süßlich. Es erhöht nämlich durch

> Tropische Köstlichkeiten per Post: Mango, Sapote, Kokosnuss, Johannisbrot, Cherimoya, Kakao, Avocado und Rambutan.

die Einlagerung von Zucker seine Frostresistenz und kann so den Winter überdauern; geschützt unter dem Schnee bleibt es sogar grün. Groß werden die Ernten dabei freilich nicht ausfallen, und so sind es vor allem die Brombeerblätter, die im Winter zuverlässig frisches Grün aus der Natur liefern.
Wer nahe am Meer wohnt, kann auch im Winter dort frischen Kelp (Seetang) ernten. Wenn Sie sich diesbezüglich unsicher sind oder gerne mehr Algenarten nutzen möchten, erhalten Sie diese auch frisch über den Versandhandel oder in Asiamärkten.
Auch Trockenfrüchte, von Aprikosen über Pfirsiche, verschiedenste Dattelsorten, Sauerkirschen oder Ananas bis hin zu getrockneten Heidelbeeren, Sanddornfrüchten und Berberitzenbeeren sind über den Handel zu beziehen, ebenso natürlich getrocknete, kleingeschnittene Kräuter, Brennnessel- oder Birkenblätter. Auch natürlich konservierte Oliven sind erhältlich.

> **Tipp**
>
> Auch von den **Knospen der Bäume** kann man im Winter immer mal wieder naschen. So lässt sich die Zeit bis zum neuerlichen Austreiben der Baumblätter überbrücken.

Insgesamt ist die Versorgung mit Wildpflanzen im Winter zweifelsohne mühsamer als im Sommer und kostet mehr Zeit. Sehen Sie es positiv: Weil die Lichtmenge im Winter geringer ist als im Sommer, und die trockene Heizungsluft in der Wohnung nicht gerade gesundheitsförderlich ist, tut uns ein längerer Aufenthalt im Freien zum Pflanzensammeln im Winter durchaus gut.

Abwechslung ist gefragt

Der Speiseplan im Winter muss keineswegs eintönig sein. Tropenfrüchte und frisches Wintergemüse sind jetzt zu favorisieren. Besonders die verschiedenen grünen Kohlarten wie Grünkohl, Wirsing, Brokkoli oder Rosenkohl liefern Vitamine. Gerade Grünkohl schmeckt roh angenehmer als gekocht und kann mit Obst oder Datteln zusammen gegessen werden. Wurzeln von Pastinake, Petersilie, Sellerie oder auch von Wildkräutern lassen sich zu Gemüse und zu rohen Suppen verarbeiten. Kräuter und Beeren können Sie im Herbst als Vorrat für den Winter auch einfrieren oder trocknen. Ganz verloren gehen ihre positiven Wirkungen dabei nicht: Vitamine und Enzyme werden zwar mit der Zeit zum Teil abgebaut, aber die Mineralstoffe und viele Sekundäre Pflanzeninhaltsstoffe bleiben erhalten.
Zur Ergänzung des winterlichen Speiseplans eignen sich außerdem: Brunnenkresse, Kresse, Sprossen und Keime

Energie im Winter   *Tipp*

Datteln und Nüsse stellen gehaltvolle Energielieferanten dar, in Kombination mit rohen Kakaobohnen können sie die besonders im Winter geliebte Schokolade ersetzen. Die Inhaltsstoffe aus den Kakaobohnen wirken zudem stimmungsaufhellend.

Brokkoli-, Rukola- und andere Sprossen verleihen der Suppe aus Rotkohl besonderen Pfiff. (Rezept auf Seite 90)

sowie kultivierte Kräuter. Winterpostelein, Feldsalat, Petersilie, Schnittlauch, Basilikum, Rukola und Sauerampfer aus biologischem Anbau werden auch im Winter fast durchgängig auf dem Markt und beim Gemüsehändler angeboten. Auch manche Zimmerpflanze kann im Winter etwas gestutzt und kulinarisch eingesetzt werden. Beispielsweise lassen sich die Blätter der Zitronengeranie in Smoothies verarbeiten.

Für innere Wärme sorgen Gewürze wie Chili, Meerrettich oder Thymian und Ingwer – wenn möglich frisch. Gegen trübe Stimmung hilft das Würzen mit Muskatnuss.

Sprossen und Pilze anbauen

Wer möchte, kann im Winter zu Hause Pilze anbauen. Seien es Champignons, Austernpilze oder exotische sogenannte Vitalpilze wie Shiitake – der Anbau ist einfach und macht wenig Mühe. Etwas mehr Aufwand erfordert das Anziehen von Sprossen, es wird dafür aber mit schnellem Erfolg und reicher Ernte belohnt.

Durch den Prozess des Keimens verändert sich in den Samen der Gehalt und die Zusammensetzung an Inhaltsstoffen, aus den Samen werden vitamin-, mineral- und ballaststoffreiche Keimlinge. Ob scharf wie Kresse und Radieschen, würzig wie Brokkoli- oder Bockshornkleesprossen oder ganz mild wie Sonnenblumen-, Quinoa-, Rotklee- oder Alfalfa-Sprossen – für jeden Geschmack finden sich geeignete Sprossen. Beim Keimen bilden sich schnell auch wertvolle Sekundäre Pflanzeninhaltsstoffe wie Senföle oder Phytohormone. So sind Sprossen eine gute Quelle für frisches Grün, wenn im Winter die Versorgung mit Wildpflanzen schwierig wird. Zur Verwendung als Keime oder Sprossen eignen sich nur Samen von Pflanzen, deren Blätter und Stängel roh essbar sind. Tomaten beispielsweise sind aufgrund ihres Gehalts an Solanin nicht geeignet. Verwenden Sie nach Möglichkeit spezielles Keimsprossen-Saatgut aus Bioanbau. Dessen Vorteil besteht darin, dass die Samen ganz und hoch

Sprossen aus eigener Anzucht

Von verschiedenen Herstellern werden unterschiedliche Systeme zur Sprossenzucht angeboten. Für kleine Mengen sind Keimschalen oder Keimgläser erhältlich, für größere Mengen gibt es Sprossengärten mit mehreren Schalen, und für den großen Bedarf schließlich gibt es Keimautomaten, die das Einweichen und Spülen der Sprossen selbsttätig erledigen.

keimfähig sind und weder gebeizt oder anderweitig chemisch behandelt noch erhitzt wurden.

Wer Wildpflanzensamen gesammelt hat, kann auch versuchen, daraus Sprossen zu ziehen. Ist der Samen allerdings nicht gut gereinigt oder sind viele kaputte Samen darunter, kann es leicht zur Schimmelbildung kommen.

Achtung, Sauberkeit ist wichtig!

Tipp

Sauberes Arbeiten ist bei der Sprossenanzucht besonders wichtig. Die Sprossen sollten zweimal pro Tag gespült und gelüftet werden, damit sie keinesfalls schimmeln. Und reinigen Sie sie auch unmittelbar vor dem Verzehr noch einmal unter klarem Wasser.

Mehr Wildpflanzen für die Familie

Essbare Wildpflanzen können auch gut mit in den Speiseplan
der ganzen Familie integriert werden, selbst wenn nicht alle
Familienmitglieder Rohköstler sind.

Kräutermischungen aus Wildpflanzen
können frisch oder getrocknet zu vieler-
lei Gerichten kombiniert werden. Wer
Wildpflanzen auch gesundheitlich voll
nutzen will, sollte sie nicht mitkochen.
Mit Wildpflanzen, seien es Kräuter, Blüten, Früchte, Baumblätter, Samen oder
Wurzeln, lässt sich eine neue – für manchen vielleicht zunächst gewöhnungs-
bedürftige – Geschmacksvielfalt entde-

Im Boden der leckeren Orangen-Torte
verstecken sich Berberitzenbeeren.
(Rezept auf Seite 128)

cken. Etliche Geschmacksrichtungen
erinnern an Bekanntes, andere sind
völlig neu und erst nach mehrmaligem

Wildpflanzen und ihr Geschmack

frisch, mild	Vogelmiere, Lindenblätter, Feldsalat
nussig, mild	Franzosenkraut
süß	Taubnesselblüten, Löwenzahnblüten
sauer	Ampfer-Arten, Scharbockskraut, Fichten-Triebe
bitter	Löwenzahn, Kriechender Günsel
salzig	Queller, Algen (Kelp und andere)
würzig-harzig	Giersch
knoblauchartig	Bärlauch, Dreikantiger Lauch, Wilder Schnittlauch, Knoblauchsrauke
senf-/kresseartig, scharf	Schaumkräuter, Brunnenkresse, Acker-Hellerkraut
Lakritzgeschmack	Süßdolde
Gurkengeschmack	Kleiner Wiesenknopf
Pilzgeschmack	Ziest-Arten, Blütenknospen von Wegerich-Arten
Heugeschmack	alle cumarinhaltigen Kräuter – Steinklee, Waldmeister
speziell und eigen	Mädesüß, Gundermann

Verzehr wirklich eingängig. Einige dieser Geschmacksnoten finden Sie links in der Tabelle.

Für die Wildpflanzen gilt dasselbe wie auch für die Zutaten der herkömmlichen Küche: Man muss auf die Harmonie ihrer Aromen achten. Manche sind von solch starkem Aroma, dass sie alle anderen Geschmacksnoten überdecken – und dadurch eventuell auf Ablehnung stoßen. Pflanzen wie Gundermann oder Knoblauchsrauke zum Beispiel sollten Sie besser nur in kleinen Mengen verwenden oder getrennt zu den Mahlzeiten reichen, sodass sich jeder nach seinem Gusto soviel davon nehmen kann, wie er mag.

Wildpflanzen können aber auch das Aroma von Gerichten unterstützen und abrunden. Die jungen Blätter vom Ziest beispielsweise sind von mildem Pilzgeschmack. Feld-Thymian oder Echter Thymian und der Wiesen-Salbei lassen sich frisch über Pizza, Pasta oder Bratkartoffeln streuen, ohne deren Geschmack zu überdecken. Sehr milde Kräuter wie die Vogelmiere oder Lindenbätter können auch pur als Salat oder rohes Gemüse verwendet werden.

Sollen Wildpflanzen der ganzen Familie schmackhaft gemacht werden, ist ein umsichtiges, schrittweises Vorgehen sinnvoll. Besonders zu beachten ist, dass jeder Mensch ein anderes Geschmacksempfinden hat.

Aroma in unterschiedlicher Intensität

Tipp

Beachten Sie, dass sich der Geschmack von Wildpflanzen je nach Standort, Jahreszeit und dem Wachstumsstadium der Pflanze ändern kann. Auch die Intensität des Aromas kann sehr unterschiedlich ausfallen.

Die Kombination mit Bekanntem kann die Einführung neuer Geschmacksrichtungen erleichtern. Versuche mit Bärlauch zu Bratkartoffeln oder die Zugabe klein geschnittener Blätter vom Ziest zu Champignons kommen erfahrungsgemäß gut an. Bei so manchen steigt die Bereitschaft, Neues zu probieren, deutlich, wenn sie Erklärungen dazu bekommen, etwa zu den Inhaltsstoffen der verwendeten Wildpflanzen und ihren gesundheitlichen Wirkungen.

Sind erst einmal Verbündete gefunden, ist der Stein ins Rollen gebracht. Rohkostgerichte, aber auch traditionelle Rezepte können dann vielseitig mit Wildpflanzen ergänzt werden. Und natürlich gilt: Das Auge isst mit. Eine schöne Dekoration mit Blüten oder ein appetitlich angerichtetes Rohkostsüppchen mit Kräutern wirken zunächst einmal sehr einladend.

Frisch zubereitete grüne Soßen oder Pesti aus Wildkräutern sowie die Verarbeitung von Wildpflanzen zu Smoothies oder Saft sind Varianten, die auch Nicht-Rohköstlern einen Zugang eröffnen. Die Verwendung frischer Kräuter, Blüten und Wildfrüchte zu Obstsalat oder Fruchtspeisen sind kulinarische Entdeckungsreisen, die vielfach auch für erfahrene Rohköstler noch Neues zu bieten haben.

> Essbare Blüten faszinieren alle Kinder – hier die vom Wilden Majoran, auch Dost genannt.

Essbare Wildpflanzen für Kinder

Kinder lieben Leckereien, und als solche können ihnen auch essbare Wildpflanzen nahegebracht werden. Besondere Namenskreationen und spannende Geschichten tun ein Übriges, um ihr Interesse zu wecken. Probieren Sie es zum Beispiel einmal mit Kräuterpralinen aus Trockenfrüchten, vorzugsweise aus süßen Datteln mit Karamellgeschmack, die mit Wildkräutern oder Blättern gefüllt werden. Die Süße der Datteln macht den Geschmack von Wildpflanzen auch kleinen Kindern zugänglich. Auch Himbeeren, eingewickelt im Lindenblatt, oder Zwetschge mit Franzosenkraut sind leckere Naturbonbons. Zum Naschen für unterwegs, zum Mitnehmen in Kindergarten oder Schule können auch Kugeln oder Plätzchen aus zerkleinerten Nüssen, Trockenfrüchten und Wildpflanzen gefertigt werden.

Kinder genießen den Aufenthalt in der Natur und lassen sich gerne auf Experimente ein. Ein Wochenende oder auch nur eine Wanderung, bei der man sich ausschließlich von Früchten, Kräutern, Blättern und Wurzeln ernährt, ist für Kinder eine Abenteuerreise und mindestens so spannend wie Urlaub. Als Abwechslung auf solchen Touren können Spiele wie „Düfte raten" oder „Pflanzen am Geschmack erkennen" dienen. Solche Unternehmungen mit Kindern sollten allerdings erst dann

Tipp

Ein „Pausenbrot" kann auch aus frischer Rohkost, leckeren Früchten und milden Kräutern, wie etwa Vogelmiere, bestehen. Das herkömmliche belegte Brötchen wirkt im Vergleich dazu doch direkt langweilig!

durchgeführt werden, wenn diese auch die Gefahren giftiger Pflanzen kennen. Wie auf jeglichen Kräuterführungen gilt auch im Familienkreis als Grundregel: Bevor eine Pflanze verzehrt werden darf, ist sie mit Eltern oder Erziehern gemeinsam zu bestimmen und ihre Eignung zum Verzehr zu klären. Spannende Entdeckerpflanzen sind zum Beispiel Brennnesseln oder Wegerich mit den nussig schmeckenden Samen, auch Wildfrüchte wie Felsenbirne und Hagebutte sind bei Kindern begehrt. Fragen wie „Warum brennt die Brennnessel?", „Wann entstehen die Knospen am Lindenbaum?", „Wie schmeckt Nektar?" können beim Kosten von Wildpflanzen diskutiert werden.

Puppen-Salat für alle

Tipp

Das Zubereiten von Essen ist für Kinder ein besonderes Erlebnis. Noch mehr, wenn sie selbst dazu beitragen können. Wer hat nicht als Kind Löwenzahn und andere Blätter und Blüten gesammelt und daraus Salat für die Puppen und ihre „Mütter" zubereitet? Und wer musste nicht erleben, dass Mama und Papa diese Köstlichkeiten verschmäht haben und allenfalls beim Verkosten so getan haben, als ob? Das alte Spiel aus der Puppenküche lässt sich plötzlich in natura und – für die meisten Kinder etwas ganz Besonderes – gemeinsam mit Mama und Papa wieder aufgreifen. Gemeinsam können Sie etwa Salbeiblüten, Löwenzahnblüten und Vogelmiere pflücken und zu Salat verarbeiten. Und wenn die Kinder dann schon selbst solch einen „sehr gesunden" Salat zubereiten können, dann sind sie mächtig stolz.

Leckere Rohkost-Rezepte

Von der Vorspeise bis zum Dessert, vom deftigen Gemüsegericht bis zu Leckereien für Zwischendurch – für jeden Geschmack das Richtige.

Rohkost in kulinarischer Verwandlung

Die Zubereitung von Rohkost-Gerichten ist einfach und lädt ein zu neuen, kreativen Geschmackskompositionen. Zaubern Sie aus gesunden Zutaten leckere Gerichte!

Von „Kochen" kann im Zusammenhang mit Rohkost nicht gesprochen werden, schließlich werden die Lebensmittel entweder gar nicht erhitzt oder nur auf Temperaturen unter 40 °C erwärmt. Was die „Kreation" eines Gerichts deutlich erleichtert. Beim Kochen verändert sich nämlich der Geschmack der Zutaten, und so muss deren Komposition so ausgerichtet werden, dass auch nach dem Garprozess die veränderten Geschmacksnoten noch harmonieren.

Anders bei der Zubereitung von Rohkost: Die Auswahl der Zutaten für ein Gericht kann ganz nach Lust und Laune erfolgen, sie können frisch probiert und nach Geschmack kombiniert werden. Die vorgestellten Rezepte sollen deshalb auch zum Experimentieren einladen. Verändern Sie ruhig einmal die Zutatenliste, verwenden Sie statt der einen Wildpflanze eine andere oder spielen Sie mit der Auswahl an Früchten.

> Die Rohkostküche lebt von der Frische der verwendeten Produkte und von der Kreativität ihrer Zubereiter.

Küchengeräte

Die Zubereitung von Rohkost kann durchaus auch aufwändig sein. Zahlreiche Küchengeräte, vom Entsafter bis zum Dörrgerät, sind auf dem Markt. Die hier vorgestellten Zubereitungen sind aber alle auch ohne Spezialgeräte leicht herzustellen. Ein Pürierstab oder ein Zerkleinerer erleichtert die Küchenarbeit, ein handelsübliches einfaches Gerät ist aber ausreichend. Als Saftpresse reicht eine von Hand betriebene herkömmliche Zitruspresse.

Alle Rezepte wurden in einer normalen Küche ohne Spezialgeräte zubereitet und erfordern daher zunächst keine größeren Investitionen. Wer seine Küche optimieren will, kann in spezielle Saftpressen, die besonders schonend arbeiten, Hochleistungsmixer, Spezial-Raspler oder Spiralschneider investieren. Für den Einstieg sind diese Geräte aber nicht erforderlich. Ein Wellen- oder Waffelschneider oder ein Julienneschneider zum Herstellen von dünnen Gemüsestreifen sind Geräte, die in vielen Haushalten vorhanden sind und bei der Zubereitung von Rohkost eingesetzt werden können – es geht aber auch ohne.

Qualität der Produkte

Verwenden Sie möglichst Gemüse und Obst aus biologischem Anbau. Da viele Zutaten mitsamt der Schale verwendet werden, empfiehlt es sich, auf Produkte aus konventionellem Anbau ganz zu verzichten.

Stammen Gemüse, Obst und Wildpflanzen aus dem eigenen Garten oder aus anderer vertrauenswürdiger Quelle, kann auch auf das Waschen verzichtet werden. Ist dies nicht der Fall, sollten Sie Obst und Gemüse vor der Zubereitung auf jeden Fall waschen. Wildpflanzen brauchen nur dann gewaschen werden, wenn sie verschmutzt sind.

Bei Zitrusfrüchten, deren Schale mit verwendet werden soll, ist darauf zu achten, dass diese auch nach der Ernte nicht behandelt wurden.

Wo in den Rezepten „Wasser" als Zutat angegeben wird, können Sie entweder stilles Natürliches Mineralwasser oder Quellwasser nehmen. Wenn Sie Vertrauen in die Qualität des örtlichen Trinkwassers haben, spricht auch nichts gegen dieses. Informieren Sie sich aber vorher ausführlich über dessen Beschaffenheit.

Salz, Öl und andere Zugaben

Erfahrene Rohköstler werden mit dem Geschmack von Gemüse, Obst und Wildpflanzen alleine zufrieden sein. Auf die Verwendung von Salz als Gewürz sollte, wenn möglich, verzichtet werden, Wildpflanzen, Gemüse und Obst enthalten alle notwendigen Mineralstoffe.

Auch die Verwendung von Öl entspricht nicht der ursprünglichen naturnahen Ernährung. Eventuell möchten aber nicht alle Rohköstler auf Salz oder Öl verzichten. Und sollen die Gerichte auch für Nicht-Rohköstler angeboten werden, kann es ohnehin erforderlich werden, sie um Öl oder Salz zu ergänzen und zusätzlich etwas stärker zu würzen. Vorschläge dafür finden Sie bei den einzelnen Rezepten jeweils unter dem Stichpunkt „Nach Geschmack". Wer Öle verwenden möchte, sollte darauf achten, dass sie mit geeigneten Verfahren sehr schonend gepresst wurden und Rohkostqualität haben. Auch bei Essig und Saucen, wie Sojasauce oder Hanfsauce, gilt es, auf Rohkostqualität zu achten.

> **Tipp**
>
> Ein **Zestenreißer** ist ein kleines, nützliches, leicht zu reinigendes Küchenwerkzeug. Zesten nennt man dünne Streifen von Orangen- und Zitronenschale, die genutzt werden, um ein Gericht auf natürliche Weise zu aromatisieren.

Tipp

Heute keine Lust auf Küchenarbeit?

Denken Sie daran: Eine halbe Avocado, zehn Oliven, eine Tomate, eine Mango und eine Handvoll Giersch stellen auch eine vollwertige Mahlzeit dar und sind direkt verzehrfertig.

Rohkost – nichts einfacher als das

Zur Zubereitung von Rohkost wird im Grunde kein klassisches Rezeptbuch benötigt, Sie können nämlich gar nichts falsch machen dabei. Auf den folgenden Seiten aber können Sie sich Anregungen holen. Die aufgeführten Rezepte sollen in erster Linie Lust machen auf Rohkost und Ideen geben, wie Rohkost und essbare Wildpflanzen zu kulinarischen Genüssen kombiniert werden können.

Rezepte variieren

Alle Rezepte wurden für vier Personen geschrieben. Sollte im Einzelfall die Menge nicht ausreichend sein, dann ändern Sie einfach die Mengenverhältnisse proportional ab. Es kann auch nicht viel passieren, wenn Sie Mengenanteile variieren oder weitere Zutaten dazugeben oder manche weglassen. Ist ein Teig für einen Kuchen beispielsweise einmal zu fest, geben Sie etwas Wasser oder Saft hinzu. Ist er zu flüssig geraten, helfen zerkleinerte Nüsse oder Trockenfrüchte, ihn wieder zu binden.

Verwendete Abkürzungen:
TL = Teelöffel
EL = Esslöffel
Msp. = Messerspitze

Vorspeisen und Suppen

Vorspeisen und Suppen machen Appetit auf mehr.
Nutzen Sie diese Rezepte auch für eigenständige
Mahlzeiten bei kleinem Hunger.

Die Kombination von Gemüse und Obst mit Wildpflanzen und
Gewürzen regt die Geschmacksknospen an. Probieren Sie aus, was
Ihrem Gaumen schmeichelt, und trauen Sie sich auch einmal
etwas Gewagtes! Essen Sie zum Beispiel eine Mango mal mit der
Schale oder verwenden Sie Sprossen vom Bockshornklee.

Mango al Rucola

> Mangos schälen, das Fruchtfleisch vom Kern und dann in feine
  Scheiben schneiden. Aus den Rauke-Blättern auf Tellern ein Bett
  für die Mangoscheiben bereiten. Letztere darauf kreisförmig
  anrichten. Die Knoblauchsraukenblätter und die entkernten
  Oliven kleinhacken und über die Mangoscheiben streuen.
> Nach Geschmack:
  Meersalz

2 vollreife Mangos, z. B. der
  Sorte 'Amelie'
4 Handvoll kleine Blätter der
  Wilden Rauke (Schmalblättri-
  ger Doppelsame) oder Rukola
  (Öl-Rauke)
20 junge Blätter Knoblauchsrauke
15 Kalamata-Oliven in Rohkostqualität

Tipp

> **Mangos** lassen sich sehr gut mit einem ein-
  fachen Sparschäler schälen. Bei einigen Sorten, beispielsweise 'Amelie', kann die Schale von
  reifen Früchten mitverzehrt werden.
> **Wilde Rauke** (*Diplotaxis tenuifolia*) und **Öl-Rauke** (*Eruca
  sativa*) sind beide als Rukola im Handel. Sie können
  aber auch Samen davon kaufen und die Pflanzen im
  Garten ansiedeln. In milden Lagen und an geschützten
  Standorten kann auch im Winter eventuell noch davon
  geerntet werden.

Kohlrabi-Kräuter-Cremesuppe:
Knoblauchsrauke und Bärlauch sorgen
für würzigen Geschmack.

600 g Rotkohl
20 Kalamata-Oliven in Rohkostqualität
300 g Heidelbeeren
2 mittelgroße Avocados
Saft von 1 Zitrone
4 EL Zwiebelsprossen
4 EL Bockshornkleesprossen
   (alternativ ½ TL Bockshornkleesamen, gemahlen)
Wasser nach Bedarf
Als Einlage:
4 EL Brokkoli-Sprossen
4 EL Rukola-Sprossen
100 g Sonnenblumen-Sprossen
   oder andere Sprossensorten
   nach Belieben

Lila Sprossensuppe

Bild auf Seite 79

> Rotkohl vom Strunk befreien und in Stücke schneiden. Die Oli-
  ven entkernen und mit Heidelbeeren, dem Fruchfleisch der
  Avocados, Zitronensaft, Zwiebel- und Bockshornkleesprossen
  sowie Wasser nach Bedarf und den vorbereiteten Rotkohl-
  stücken pürieren. Suppe in Teller füllen und Brokkoli-, Rukola-
  und Sonnenblumensprossen daraufsetzen.
> Nach Geschmack:
  Hanfsauce oder Meersalz

Tipp

> **Oliven in Rohkostqualität** sind bei verschiede-
  nen Anbietern im Internet erhältlich. Diese Oliven sind nicht erhitzt, entbittert oder mit
  Zusätzen behandelt worden. In der Regel werden sie
  in Gläsern geliefert und sollen vor dem Verzehr an der
  Luft gelagert werden, um den Geschmack zu mildern.
  Je nach Sorte schmecken sie mir auch frisch aus dem
  Glas.
> **Bockshornklee** ist Bestandteil von Curry-Mischungen.
  Die Samen sind sehr hart und lassen sich daher nur in
  gekeimter Form nutzen. Die Keimdauer sollte nur
  wenige Tage betragen, weil die Keimlinge sonst bitter
  werden. Bockshornkleesamen ist als Gewürz auch in
  gemahlener Form erhältlich.
> **Hanfsauce** wird wie Sojasauce durch Fermentation her-
  gestellt und ebenso verwendet. Die Zutaten werden
  dabei nicht über 40 °C erhitzt.

Kohlrabi-Kräuter-Cremesuppe

> Kohlrabi schälen und in Stücke schneiden. Die äußeren grünen
Blätter dabei entfernen, die schönen inneren mit verwenden.
Kohlrabistücke, das Fruchtfleisch der Avocados und den Zitro-
nensaft zusammen mit den grünen Kräutern und den Linden-
blättern pürieren. So viel Wasser dazu geben, dass eine cremige
Konsistenz erreicht wird. Die Suppe in Teller füllen und mit den
Veilchenblüten dekorieren.
> Nach Geschmack:
Meersalz oder Rosensalz

> Varianten: Wer mehr Biss bevorzugt, püriert nur die Hälfte
der Kohlrabi und würfelt den Rest in kleine Stücke. Zusätzlich
können 2 TL Sonnenblumenkerne dazugegeben werden.

2 Kohlrabi
2 Avocados
Saft von 1 Zitrone
2 Handvoll Vogelmiere
2 Handvoll Knoblauchsrauke,
  junge Triebe
1 Handvoll Bärlauch oder
  1 Bund Schnittlauch
2 Handvoll Lindenblätter
ca. 600 ml Wasser
20 Veilchenblüten

Suppe Hot-Hot-Hot

400 g Fruchtfleisch von der
Ananas
2 vollreife gelbe Birnen,
z. B. ‚Williams Christ'
4 Handvoll junge Lindenblätter
2 Handvoll Dreikantiger Lauch,
alternativ das Grün von Frühlingszwiebeln oder Bärlauch
2 cm einer Chilischote, von den
Kernen befreit
2 TL frischen Ingwer, geschält
und klein gewürfelt
Wasser nach Bedarf (ca. 400 ml)
4 Karotten, geputzt und
geschält sollten sie ebenfalls
etwa 400 g wiegen

Wer auf scharfe Asiagerichte steht, für den ist diese Suppe genau
das Richtige. Wer es lieber milder mag, sollte auf die Chilischote
verzichten, da der Ingwer alleine schon ausreichend Schärfe
bringt.
> Ananas-Fruchtfleisch in Stücke schneiden, Birne vom Kernhaus
  befreien und ebenfalls in grobe Stücke schneiden. Die Frucht-
  stücke zusammen mit Lindenblättern, Lauch, Chilischote
  und Ingwer pürieren und mit Wasser verdünnen. Die Karotten
  in kleine Stücke hacken und unter die Suppe mischen.
> Nach Geschmack:
  Meersalz oder Wildkräuter-Salz

Obatzda-Herz im Wintergrün

150 g Macadamia-Nüsse
150 g rohes Sauerkraut
1/4 Paprikaschote rot
2 Prisen Kümmel
Saft von ½ Zitrone
100 g Winterpostelein
100 g Kresse
16 Chicoree-Schiffchen

> Macadamia-Nüsse über Nacht in Wasser einweichen lassen.
  Sauerkraut und Macadamias mit Paprika, 1 Prise Kümmel und
  Zitronensaft im Zerkleinerer soweit pürieren, bis eine noch
  leicht körnige Masse entstanden ist. Diese Masse in ein feines
  Sieb geben und abtropfen lassen, die Flüssigkeit auffangen.
  Unter die abgetropfte Masse den restlichen Kümmel mischen
  und die Masse dann in eine kleine Herzform füllen und auf
  einen Teller stürzen. Obatzda-Herz mit Chicoree, Kresse und
  Winterpostelein umlegen.
> Wer mag, kann den aufgefangenen Sauerkraut-Macadamia-Saft
  als Salatsauce über den Salat geben.

Tipp

Winterpostelein (*Claytonia perfoliata*),
der zum Teil auch Winterportulak
genannt wird, ist auf Wochenmärkten
und im gut sortierten Gemüsegeschäft den
ganzen Winter über erhältlich. Wenn Sie
dennoch keine Quelle finden, können Sie alternativ auch Feldsalat verwenden.

Obatzda-Herz: Rohes Sauerkraut und
Macadamia-Nüsse sind die Grundlagen
dieses deftigen Gerichts.

Batavia-Wraps Egypt-Style

1 Salatkopf der Sorte 'Batavia grün'
2 Avocados
2 Paprika
4 Tomaten
20 Zwiebelrohre von der Winterzwiebel oder Frühlingszwiebeln
2 große Blätter vom Liebstöckel
20 Blätter Lungenkraut, alternativ Borretsch
2 TL Kreuzkümmel, ganze Samen
Saft von ½ Orange, frisch gepresst

Wer einmal durch die Soukhs von Kairo oder durch einen türkischen Bazar gestreift ist, vergisst den Duft von Kreuzkümmel, der dieses Gericht prägt, nie mehr.

> Die Blätter im Ganzen vom Salatkopf lösen, gegebenenfalls putzen und waschen und etwas abtrocknen lassen. Avocadofruchtfleisch auslösen und klein würfeln. Paprika und Tomaten ebenfalls klein würfeln und mit den Avocadowürfeln vermischen. Die Kräuter klein schneiden, den Kreuzkümmel im Mörser zerkleinern und beides zusammen mit dem Orangensaft unter die Avocado-Gemüsemischung rühren. 1–2 EL der Mischung auf jeweils ein Salatblatt geben und dieses aufrollen.

> Nach Geschmack:
Meersalz
Oliven in Rohkostqualität, vom Kern befreit und kleingehackt

> Essen Kinder mit, reichen Sie Kräuter und Kreuzkümmel extra. Jeder nimmt sich davon nach Belieben und füllt seinen Wrap selbst.

Von der Hand in den Mund

Am besten essen Sie die Wraps frisch gerollt direkt aus der Hand. So bleibt der Salat schön knackig.

Tipp

Salate

Salate – die Quintessenz der Rohkost – was jeder zu
kennen meint. Diese Rezepte zeigen die Klassiker in
neuen Variationen.

Wozu brauchen Rohköstler denn Salate, fragen Sie sich vielleicht?
Und Sie haben recht: Eigentlich ist das Denken in konventionellen
kulinarischen Kategorien Rohköstlern eher fremd. Aber: Als Einstieg für alle anderen oder als Beitrag zu Büfetts finden Sie nachfolgend vielleicht das Richtige.

Rosa Herbstsalat

> Rote Bete, Topinambur und Pastinakenwurzel putzen, schälen
und in kleine Würfel schneiden. Den Fenchel ebenfalls klein
würfeln. Den Rosenkohl putzen und in einzelne Blättchen
zupfen. Ebenso von der Petersilie und der Brunnenkresse die
einzelnen Blättchen abzupfen. Alles miteinander vermengen.
Zum Schluss das Fruchtfleisch der Avocado würfeln und unter-
heben. Mit Zitronensaft abschmecken.
> Nach Geschmack:
Meersalz
Olivenöl

200 g Rote Bete
200 g Topinamburknollen
200 g Pastinakenwurzel
200 g Knollenfenchel
200 g Rosenkohl
1 Bund glatte Petersilie
2 Handvoll Brunnenkresse
1 Avocado
Saft von 1 Zitrone

Tipp

Versuchen Sie dazu einmal einen
Macadamia-Balsam aus eingeweichten
und anschließend mit Wasser und etwas
Zitronensaft pürierten Macadamia-Nüssen!

Vogelmiere-Salat

12 Handvoll Vogelmiere
8 mittelgroße Tomaten
2 Avocados
1 gelbe Paprika
Saft von 1 Zitrone

Im Frühjahr, aber auch im Herbst wächst Vogelmiere besonders gut. Da sie sehr mild ist, eignet sich dieser Salat auch für Rohkost-Anfänger und Kinder.

> Vier Salatschalen mit Vogelmiere auslegen, und zwar so, dass die Triebspitzen zum Rand, die Stängel zur Mitte zeigen. Die Tomaten klein würfeln und in der Mitte der Schalen auf der Vogelmiere verteilen. Das von Kern und Schale befreite Fruchtfleisch der Avocado sehr klein würfeln und auf den gewürfelten Tomaten ausbreiten. Zum Schluss die Paprika ebenfalls klein würfeln und auf dem Avocado-Bett verteilen. Mit kurzen Trieben von der Vogelmiere garnieren und mit Zitronensaft beträufeln.

> Nach Geschmack:
Olivenöl
Meersalz
Schwarzer Pfeffer, frisch gemahlen

Dieser Salatfavorit von Kindern enthält dank der Vogelmiere reichlich Vitamin C und Eisen.

Knackiger Hellerkraut-Salat „Asia"

> Das Gemüse und die Kiwi schälen und in kleine Würfel schneiden. Das Radieschengrün klein zupfen und mit den kleingehackten Schötchen vom Acker-Hellerkraut und dem Zitronensaft unter das Gemüse mischen. Die Sesamsamen im Zerkleinerer mahlen und über den Salat streuen.
> Nach Geschmack:
> Sojasauce, Sesamöl

Varianten:
> Sind die Früchte vom Acker-Hellerkraut noch nicht reif, kann statt diesen auch das frische Kraut verwendet werden.
> Anstelle von Sesamsamen und Sesamöl kann auch Tahini, eine Paste aus fein gemahlenem Sesam, verwendet werden. Eine Tahini, die aus rohem, ungeschältem Sesamsamen hergestellt wurde, schmeckt intensiver als die gewöhnliche und enthält außerdem mehr Vitamine und Mineralstoffe. Sesamsamen ist reich an Kalzium, im Vergleich zu Kuhmilch weist er zirka das Sechsfache davon auf.

2 Karotten
2 kleine Kohlrabi
1 kleiner weißer Rettich
1 Kiwi, Sorte 'Kiwi Gold'
1 Handvoll Radieschengrün
1 Handvoll junge Früchte
    (Schötchen) vom Acker-
    Hellerkraut
Saft von 1 Zitrone
4 EL Sesamsamen, roh
1 EL Sesamsamen, schwarz, roh

La Palma-Salat

Den Namen hat dieser Salat erhalten, weil seine Zutaten Paprika, Knoblauch, Koriander und Petersilie auch Bestandteil der palmerischen Sauce mit Namen Mojo verde sind. Wer also Urlaubserinnerungen auffrischen möchte, dem gelingt dies hiermit sicher.
> Endiviensalat in feine Streifen schneiden. Die Paprika klein würfeln und untermischen. Die Knoblauchzehe, Koriander und Petersilie fein hacken. Avocadofruchtfleisch mit Zitronensaft und bei Bedarf etwas Wasser pürieren und mit Knoblauch und Kräutern vermischen. Über den Salat geben.
> Nach Geschmack:
> Meersalz

1 Endiviensalat
    (siehe Tipp S. 99)
1 grüne Paprika
1 Knoblauchzehe
½ Bund frischer Koriander
½ Bund glatte Petersilie
1 Avocado
Saft von ½ Zitrone

Tomaten-Erbsen-Salat mit Felsen-Fetthenne

50 Dattel-Tomaten
12 EL Erbsen, frisch gepalt (von
den Hülsen befreit)
16 Triebspitzen (ca. 5 cm) von
der Felsen-Fetthenne
1 Handvoll Basilikumblätter
1 Knoblauchzehe
Saft von 1 Zitrone

Die Felsen-Fetthenne wird auch Tripmadam genannt. Sie hat einen angenehm säuerlichen Geschmack.

> Die Hälfte der Tomaten halbieren, die andere Hälfte würfeln. Die dickfleischigen Blätter der Felsen-Fetthenne von den Stängeln abzupfen, die Basilikumblätter klein zupfen, die Knoblauchzehe fein hacken. Die halbierten Tomaten auf einem Salatteller anrichten, die Erbsen mit den anderen Zutaten mischen, mit Zitronensaft abschmecken und über die Tomaten geben.

> Nach Geschmack:
Meersalz
Olivenöl

Grüner Frühlingssalat mit Linde

Bild auf Seite 65

> Kohlrabi schälen, junge grüne Blätter nicht verwerfen, sondern mit verwenden. Kohlrabi, Radieschen und Fenchel mit einem Waffelschneider oder einem gewöhnlichen Gemüsehobel grob raffeln. Das Grün vom Fenchel, die Kohlrabiblätter und die Blätter von den Radieschen kleinschneiden. Lindenblätter und Ahornblütenstände grob zerzupfen und mit dem Gemüse vermengen. Schnittlauch kleinschneiden und mit den gelben Blüten aus den Blütenköpfen des Löwenzahns daruntermischen. Mit Zitronensaft abschmecken.
> Nach Geschmack:
  Meersalz
  Apfelessig
  Olivenöl

2 Kohlrabi
20 Radieschen mit Grün
2 kleine Knollenfenchel mit Grün
4 Handvoll junge Lindenblätter
4 Handvoll Blütenstände vom Spitz-Ahorn
1 Bund wilder Schnittlauch
20 Blütenköpfchen vom Löwenzahn
Saft von 1 Zitrone

Der farbenfrohe Salat aus Tomaten und Erbsen bekommt eine frische Note durch die Felsen-Fetthenne.

Bitte bitter!

Tipp

Endiviensalat, wie er zum Beispiel im La Palma-Salat (siehe S. 97) verwendet wird, wird nach dem Kleinschneiden gerne in lauwarmem Wasser gebadet, um die Bitterstoffe daraus zu entfernen. Gesünder ist es, darauf zu verzichten oder nur die Hälfte davon im Warmwasserbad zu entbittern. Bitterstoffe sind nämlich gut für Magen und Darm.

Rohkost-Cracker und Pizza

Rohkost ohne Grenzen – alles ist möglich!
Auch Pizza braucht keiner zu vermissen.

Für diejenigen, die große Gelüste nach Brot oder anderen Back-
waren verspüren, können zum Beispiel rohköstliche Cracker ein
Ersatz sein. Sie lassen sich vielseitig variieren, sodass keine
Wünsche offen bleiben. Und auch Pizza lässt sich immer wieder
unterschiedlich belegen. Ganz Mutige nehmen die Anregungen für
die Cracker-Rezepte auf und variieren auch den Pizzateig.

Leinsamen-Cracker

Grundrezept
für 25–30 Stück:
250 g Leinsamen, braun, ganz
1 Tomate
5 Stangen Staudensellerie
1 Zwiebel

> Leinsamen mindestens über Nacht einweichen. Tomate, Stau-
  densellerie und die geschälte Zwiebel in grobe Stücke schneiden
  und in den Zerkleinerer geben. Für die unten aufgeführten Varianten werden auch die dort aufgelisteten Zutaten mit in den
  Zerkleinerer gegeben – gegebenenfalls gewaschen, geputzt und
  in grobe Stücke geschnitten. Alles klein würfeln. Die Hälfte der
  eingeweichten Leinsamen zugeben und alles zu einer geschmei-
  digen, aber noch körnigen Masse weiter verarbeiten. Dann die
  Masse mit den noch nicht zerkleinerten Leinsamen mischen.
  Anschließend werden aus dem Teig 25–30 Cracker mit 8–10 cm
  Durchmesser in einer Stärke von 0,5–1 cm auf ein mit Backpapier ausgelegtes Blech gestrichen und im Ofen mit Umluft bei
  unter 40 °C getrocknet.
> Nach Geschmack:
  Meersalz

Rohkost-Cracker – eine leckere Knab-
berei zu vielen Gelegenheiten, ob beim
Wandern oder als Snack.

Cracker „Kerala"

1 gelbe Paprika
2 Äpfel
½ Handvoll Knoblauchsrauke
½ Handvoll junge Triebe von
   der Schafgarbe
½ TL Bockshornkleesamen,
   gemahlen, oder 3 EL frische
   Sprossen vom Bockshornklee
1 Msp. Chili, gemahlen, oder
   1 cm frische Chilischote
1 TL Curcumapulver
1 TL Schwarzkümmel

Cracker „Roma"

8 getrocknete Tomatenhälften,
   ohne Salz, in Rohkostqualität, für mindestens 4 Stunden eingeweicht
1 Handvoll Rukola
1 Handvoll Basilikum
1 Handvoll Gundermann
20 Oliven, entsteint
Zum Bestreuen der Cracker:
5 EL Sonnenblumenkerne;
   wer es exklusiver mag,
   nimmt Pinienkerne

Cracker „Wald und Wiese"

20 Champignons
2 Handvoll Blätter vom Ziest
   (Alternative zum Ziest im
   Winter: 3 EL getrocknete
   Brennnesselblätter)

Cracker „Mediterran"

½ Tasse Mandeln
½ Handvoll Knoblauchsrauke
½ Handvoll Thymian
   (Feld-Thymian oder Echter
   Thymian)
1 Knoblauchzehe
1 Msp. Chilipulver

Tipp

Lässt man die Cracker ganz trocken werden, kann man sie in einer Dose sehr lange aufbewahren.

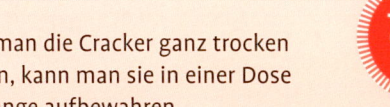

Pizza-Varianten „Quattro Stagioni"

Aus dem Grundteig für die Leinsamencracker lässt sich ebenso ein Pizzaboden fertigen, der dann je nach Jahreszeit unterschiedlich belegt werden kann.

Grundrezept
250 g Leinsamen
1 Tomate
5 Stangen vom Staudensellerie
1 Zwiebel

für den Grundbelag:
2 Avocados
8 Tomaten

> Leinsamen mindestens über Nacht einweichen. Tomate, Staudensellerie und die geschälte Zwiebel in grobe Stücke schneiden und im Zerkleinerer fein hacken. Die Hälfte der Leinsamen zugeben und alles zu einer geschmeidigen Masse verarbeiten. Die restlichen Leinsamen unter die Masse rühren. Aus dem Teig 4 Pizzaböden mit 22–24 cm Durchmesser und einer Dicke von 1 cm auf mit Backpapier belegte flache Bleche streichen. Die Böden so lange bei unter 40 °C trocknen lassen, bis sie sich vom Backpapier lösen lassen und fest, aber nicht hart sind. Im Backofen bei Umluft dauert dies etwa 4–5 Stunden.
> Nach dem Abkühlen jeden Boden mit der Hälfte des Fruchtfleisches einer Avocado bestreichen und mit 2 in Würfelchen geschnittenen Tomaten belegen. Weiter geht es mit den unten aufgeführten Belagsvarianten.
> Nach Geschmack:
> Meeersalz

Frühling:
1 Avocado
Saft von ½ Zitrone
1 Handstrauß frisch gepflückten Bärlauch
1 Handvoll zarter, junger Blätter vom Giersch

> Fruchtfleisch der Avocado würfeln und mit Zitronensaft aromatisieren. Bärlauch und Giersch kleinhacken und mit den Avocadowürfeln mischen. Die Mischung auf den Tomaten verteilen.

Sommer:
1 Gurke
10 Borretschblätter
20 Borretschblüten
5 Blütenköpfchen von der Ringelblume

> Die Gurke klein würfeln und auf der mit dem Grundbelag versehenen Pizza verteilen. Mit kleingeschnittenen Blättern und Blüten vom Borretsch und den Zungenblüten, die aus den Blütenköpfchen der Ringelblumen gezupft werden, bestreuen.

Die Wintervariante der Pizza mit Meerrettich statt Parmesan und fetten, würzigen Oliven.

> Die Walnusskerne vierteln, die Oliven entsteinen und klein-
hacken. Knopfkraut in einzelne Blätter oder kleinere Stücke
zupfen, Basilikum und Dost kleinhacken, Thymianblättchen
von den Stängeln zupfen und den Knoblauch kleinhacken.
Alle Zutaten auf den Tomaten verteilen. Die Brennnesselsamen
drüberstreuen.

Herbst:
20 Walnüsse
40 Oliven
40 Triebe vom Knopfkraut
10 Zweige Basilikum
1–2 Handvoll Blättchen und
   junge Triebe vom Dost
   (Wilder Majoran), alternativ
    10 Zweige Majoran
20 Zweige Thymian
4 Knoblauchzehen
4 EL Brennnesselsamen

> Champignons und Topinamburknollen in dünne Scheiben
schneiden und auf den Tomaten verteilen. Rukola und
Frühlingszwiebeln kleinschneiden und ebenfalls verteilen.
Die Meerrettichwurzel säubern, schälen und dann mit dem
Zestenreißer dünne Streifen davon abreißen und auf die Pizza
streuen. Mit je 6 Oliven dekorieren.

Winter:
20 Champignons
4 Topinamburknollen
1 Bund Rukola
8 Frühlingszwiebeln
5 cm Meerrettichwurzel
24 Oliven, naturbelassen,
   in Rohkostqualität

Gemüsegerichte

Spargel, Mangold, Kürbis und sogar Linsen und Pilze – alles roh! Mit Wildpflanzen und Früchten kombiniert, finden Sie hier Hauptgerichte ganz neuer Art.

Gemüsegerichte einmal nicht gekocht? Sie werden sich wundern, wie knackig frisch Gemüse sein kann. Und auch Kinder finden es in dieser Form ganz lecker. Da werden sogar Spitzkraut und Fenchel gerne gegessen. Und was immer geht, sind natürlich Spaghetti – die Sie aus Spargel, aber genauso aus Zucchini, Karotten oder anderem Gemüse machen können.

> Mehr Pilzgeschmack geht nicht! Der Steinpilz schmeckt auch roh hervorragend.

Shiitake-Timbale im Vogelmierekranz

Bild auf Seite 64

40 Macadamia-Nüsse
30 größere Shiitake-Pilze, frisch
25 Kornelkirschen
Zungenblüten aus 12 Blütenköpfchen der Ringelblume
20 Zwiebelrohre von der Winterzwiebel, alternativ von Frühlingszwiebeln
12 junge Blätter vom grünen Mangold, alternativ Spinatblätter
8 Handvoll Triebe von der Vogelmiere, ca. 5 cm lang
Saft von 1 Zitrone

> Macadamia-Nüsse über Nacht einweichen. Pilze mit einem Pinsel säubern, bei älteren Pilzen die Stiele entfernen. Zusammen mit den Macadamia-Nüssen, entsteinten Kornelkirschen und den Ringelblumenblüten sowie dem Zwiebelgrün und den Mangoldblättern mit dem Wiegemesser oder im Zerkleinerer kleinhacken. Die daraus entstandene Masse in Timbale-Förmchen (zum Stürzen geeignete Becher, auch Tassen mit breiter Öffnung eignen sich) drücken und sodann auf Teller stürzen. Von den Trieben der Vogelmiere unschöne Blättchen entfernen und die Triebe als Kranz um die Timbale legen. Mit Zitronensaft beträufeln.
> Nach Geschmack:
Meersalz
Schwarzer Pfeffer, gemahlen
Rapskernöl

Steinpilz-Carpaccio mit Sellerie-Paprika-Püree und Feuerwerk

> Die Steinpilze sauber putzen. Falls der Schwamm auf der Hutunterseite nicht zu weich ist, kann er belassen werden, sonst entfernen. Pilze in möglichst dünne, maximal 0,5 cm dicke Scheiben schneiden und auf Tellern auslegen. Für das Sellerie-Paprika-Püree Avocados entkernen und schälen, Paprika putzen und in grobe Stücke schneiden, Sellerie-Stangen von groben Fasern befreien und in Stücke schneiden, Datteln entsteinen, große Stiele von der Petersilie entfernen und alles zusammen mit Zitronensaft und Wasser nach Bedarf zu einem etwas gröberen Püree verarbeiten. Dieses zu Füßen der Pilze anrichten. Von den Kernen befreite Hagebutten und entkernte Kornelkirschen mit der Chilischote kleinhacken, sodass ein grobes Relish (Würzsauce) daraus wird. Mit einem Löffel zu den Pilzen setzen. Mit den Zungenblüten aus den Ringelblumen-Blüten dekorieren.
> Nach Geschmack:
  Meersalz
  Walnussöl

600 g Steinpilze, möglichst
  groß und unbeschädigt
für das Sellerie-Paprika-Püree:
2 Avocados
2 gelbe Paprika
8 Stangen vom Stauden-
  Sellerie
4 Datteln 'Deglet Nour'
1 Bund glatte Petersilie
8 EL Zitronensaft
Wasser nach Bedarf
für das Feuerwerk:
25 Hagebutten
25 Kornelkirschen
4 cm Chilischote ohne Kerne
16 Ringelblumen-Blüten

Knackig und süß –
frische Erbsen sind im
Sommer ein Hochgenuss.

Erbseneintopf

600 g Erbsen, frisch gepalt
  (von den Hülsen befreit)
600 g Staudensellerie
1 kleine Schalotte
4 Handvoll Knopfkraut
8 EL Zitronensaft
2 Avocados, mittelgroß
2 rote Paprika
16 kleine Blätter Romana-Salat
Muskatnuss

> 400 g Erbsen und 400 g geputzten Staudensellerie zusammen mit der geschälten Schalotte, 3 Handvoll Knopfkraut, Zitronensaft und Fruchtfleisch der Avocados pürieren. Den Rest des Selleries und die Paprika klein würfeln und mit den restlichen Erbsen zum Püree geben. Die Blätter des Romana-Salats an die Seiten von Suppenschälchen stellen und den Eintopf einfüllen. Mit dem restlichen Knopfkraut dekorieren. Muskatnuss nach Geschmack darüberreiben.
> Nach Geschmack:
> Meersalz

Die Süße vom Obst in harmonischer Verbindung mit der Säure vom Sauerklee.

Asia-Gemüse süßsauer

> Das Kraut und den Lauch in feine Streifen schneiden, das Fruchtfleisch von Pfirsichen und Ananas würfeln. Alles mit Vogelmiere, Sauerklee, Schwarzkümmel und der kleingehackten Minze vermengen.
> Nach Geschmack:
  frische Korianderblätter
  Chilischote
  Zitronensaft
  Meersalz
  Sesamöl

1 kleinen Kopf junges Spitzkraut (ca. 900–1000 g)
200 g Lauch
3 Pfirsiche
400 g Ananasfruchtfleisch
4 Handvoll Vogelmiere
2 Handvoll Sauerklee
1 TL Schwarzkümmel
8 Triebspitzen Minze

Blumiges Sommergemüse

4 Tomaten, rot
16 Kirschtomaten, gelb oder
  schwarz, z. B. Sorte 'Gold
  Nugget' oder 'Cherry Black'
8 Karotten
2 kleine, milde Gemüse-
  zwiebeln
1 Handvoll Zitronen-Thymian
12 Knospen von der Taglilie
  (Zitronen-Taglilie oder
  andere Art)
100 g Himbeeren
5 EL Wasser
4 offene Blüten von der Taglilie

> Die großen Tomaten in Spalten, die kleinen in Viertel oder Hälften schneiden, Karotten und Gemüsezwiebeln schälen und in kleine Würfel schneiden. Von den Zweigen des Zitronen-Thymians die kleinen Blättchen abstreifen, weiche Zweigspitzen kleinhacken. Die Knospen der Taglilien in 1 cm breite Stücke schneiden. Alle Zutaten mischen. Die Himbeeren durch ein Sieb passieren, das Püree mit dem Wasser verrühren und anschließend unter das Gemüse heben. Auf Tellern anrichten und mit der aufgeblühten Taglilienblüte dekorieren.
> Nach Geschmack:
Meersalz
Maiskeimöl

Auch im Winter finden sich noch bunte Rohkostgenüsse, die erstaunlich saftig daherkommen.

Pfirsich trifft Fenchel

2 Knollenfenchel mit viel Grün
4 Pfirsiche
½ TL Safranfäden
½ rote Chilischote
4 Handvoll junge Triebe vom
  Kleinblütigen Knopfkraut

> Fenchel der Länge nach in sehr schmale Scheiben schneiden. Pfirsiche halbieren und in schmale Scheiben schneiden. Die Fenchelscheiben abwechselnd mit den Pfirsichscheiben auf einer Platte anrichten und Safranfäden sowie die kleingehackte Chilischote darüberstreuen. Das Knopfkraut rundum drapieren.
> Nach Geschmack:
Meersalz
Zitronensaft
Distelöl

Schmackhafte Schönheiten

Taglilien sind bei uns nicht heimisch, aber in vielen Gärten verbreitet und teilweise sogar als sogenannte Gartenflüchtlinge verwildert. Ihre Knospen und Blüten schmecken mild-würzig. Da sie eine lange Blütezeit haben mit vielen Blüten, die nach und nach aufblühen, fällt es für die Zierde des Gartens nicht ins Gewicht, wenn Sie von Zeit zu Zeit einige Blüten ernten. Auch als Kübelpflanzen für Balkon oder Terrasse sind die Taglilien geeignet.

Wintergemüse in Orange

600 g Hokkaido-Kürbis, entkernt

2 Quitten, mittelgroß

Saft von 2 mittelgroßen Orangen

16 Zwiebelrohre von der Winterzwiebel, alternativ Frühlingszwiebeln

40 Spinatblätter

> Die Schale vom Hokkaido-Kürbis mit dem Sparschäler abschälen, Kürbisstücke raspeln. Quitten gut waschen, vom Kerngehäuse befreien und Früchte mit der Schale in kleine Würfelchen schneiden. Kürbis und Quittenwürfel mit dem Orangensaft und den kleingeschnittenen Zwiebelrohren mischen. Pro Portion 10 Spinatblätter auf einem Teller anrichten, in die Mitte die Kürbis-Quitten-Mischung setzen.
> Nach Geschmack:
> Meersalz
> Hanf- oder Kürbiskernöl in Rohkostqualität

Wer dazu gerne eine Sauce möchte, sollte es hiermit versuchen:

Avocado-Sauce

2 Avocados

1 Knoblauchzehe

Saft von 1 kleinen Zitrone

Wasser nach Bedarf

> Das Fruchtfleisch der Avocados mit der Knoblauchzehe und Zitronensaft im Zerkleinerer oder mit dem Pürierstab pürieren. Dabei soviel Wasser zugeben, bis eine homogene, zähflüssige Sauce entstanden ist.

Mangold-Rouladen

Rohe Spargel-Spaghetti mit würzigem Pesto – da werden selbst Italiener schwach.

ca. 12 große Mangoldblätter
2 weiße Rettiche
2 Avocados
Saft von 1 kleinen Zitrone
2 Tomaten
für die Sauce:
½ Staudensellerie
½ Handvoll junge, noch weiche Früchte vom Acker-Heller-kraut
3 EL Sesamsamen

> Die Mittelrippe der Mangold-blätter entfernen und die Blät-ter mindestens 1 Stunde ruhen lassen, damit sie sich etwas entspannen und so besser rollen lassen. Rettiche putzen, schälen und fein reiben, in ein Tuch geben und etwas auspressen. Fruchtfleisch der Avocados fein zerdrücken. Rettich mit Avocadopüree und Zitronensaft gut vermengen. Für eine Rolle 1–2 Mangoldblätter auf einer Sushi-Matte oder einem doppelt gefalteten Tuch auslegen. Rettich-Avocado-Füllung 1–2 cm dick auf die Mangoldblätter streichen. Dabei am Ende einen Rand freilassen. Tomaten von Kernen befreien und das Fruchtfleisch in Streifen schneiden. Die Strei-fen in die Mitte der Füllung legen und die Blätter zusammen-rollen. Die Rolle in 3–4 cm breite Stücke schneiden und die Rouladen auf Tellern anrichten.
> Für die Sauce die Stangen des Staudenselleries, die Früchte des Acker-Hellerkrauts und die Sesamsamen zusammen pürieren.
> Nach Geschmack:
> Sesamöl
> Sojasauce
> Meersalz

> Varianten: siehe Seite 97 (Knackiger Hellerkraut-Salat „Asia")

Tipp

Mangold und Stauden-sellerie sind sehr salzig im Geschmack und kön-nen deshalb auch als Zugabe anstelle von Salz in Salaten, Gemüse und Suppen genutzt werden.

Spargel-Spaghetti mit Pesto

1 kg Spargel
8 EL Cashew-Kerne
2 Bund großblättriges Basilikum
1 Handstrauß Bärlauch
2 Avocados
Saft von ½ Zitrone
etwas Wasser

> Cashew-Kerne über Nacht einweichen. Spargel schälen und dann mit dem Julienneschäler zu Spaghetti verarbeiten. Die eingeweichten Nüsse, die Blätter vom Basilikum und die grob geschnittenen Bärlauchblätter mit dem Fruchtfleisch der Avoca-dos, dem Zitronensaft und gegebenenfalls etwas Wasser im Mixer oder mit dem Pürierstab zu einem groben Pesto verarbei-ten. Pesto über die Spargelspaghetti geben.
> Nach Geschmack:
> Meersalz

Varianten:
> Anstelle von Zitronensaft können auch 2–3 EL naturvergorener,
  nicht erhitzter Apfelessig verwendet werden.
> Die Avocados lassen sich durch 8 EL kaltgepresstes Olivenöl
  ersetzen.
> Wer keinen Bärlauch findet, kann alter-
  nativ 2 Knoblauchzehen hernehmen.

Tipp

Noch feiner als der Bärlauch schmeckt
der **Dreikantige Lauch**, auch Glöckchen-
lauch genannt. Er ist wild kaum zu finden, aber als Zwiebeln mit etwas Glück in gut
sortierten Gärtnereien erhältlich, sodass Sie ihn
im Garten anpflanzen können.

Silvester-Vitaminbombe

250 g Linsen
1 Karotte
½ Stange Lauch
Zesten und Saft von ½ Orange,
  unbehandelt
2 Stangen vom Staudensellerie
Saft von 1 Zitrone
½ Knoblauchzehe
1 Handvoll Blätter der Pimpi-
  nelle (Kleiner Wiesenknopf)

Wer einmal Silvester in Italien gefeiert hat, wird auf Linsen nicht verzichten wollen. Sie sollen, wenn sie in der Nacht von Silvester auf Neujahr gegessen werden, dafür sorgen, dass im neuen Jahr das Geld nicht ausgeht. Aber auch ohne Geldsorgen ist dieses Gericht eine leckere Vitaminbombe für den Winter.

> Die Linsen 1 Tag wässern und anschließend mindestens 2 Tage keimen lassen, danach nochmal spülen. Karotte schälen und in kleine Würfelchen schneiden. Lauch halbieren, waschen und in sehr schmale Streifen schneiden. Orangenschale mit einem Zestenreißer dünn abschälen. Selleriestangen klein würfeln und mit Lauch, Karotte, gekeimten Linsen, Orangenzesten, Orangen- und Zitronensaft mischen. Knoblauch in sehr feine Scheiben schneiden und gemeinsam mit den Blättchen der Pimpinelle unter das Gemüse heben.

> Nach Geschmack:
> Meersalz
> Schwarzer Pfeffer, frisch
>   gemahlen
> Hanföl

Tipp

Linsenspros-
sen sind auch
fertig gekeimt
im Handel erhältlich.

Rotkohl, Kumquats und
Senfsprossen – eine frische
Kombination, die fit hält.

Eine Vitaminbombe ist dieser Linsensalat. Damit fängt das neue Jahr gut an.

Pikantes Rotkohl-Gericht

> Rotkohl vom Strunk befreien und in Stücke zerteilen. Äpfel vom Kernhaus befreien und vierteln. Selleriestangen grob zerkleinern. Walnüsse knacken und Zitrone auspressen. Alles zusammen mit den halbierten und von Kernen befreiten Kumquats und den Senfsprossen im Zerkleinerer grob zerkleinern.
> Alternativ den Rotkohl, Äpfel und Selleriestangen hobeln und zusammen mit den anderen Zutaten mit dem Wiegemesser kleinhacken.
> Nach Geschmack:
> Meersalz
> Distelöl

1 Rotkohl, ca. 600 g
2 Äpfel
4 Stangen Staudensellerie
20 Walnüsse
1 Zitrone
12 Kumquats
100 g Sprossen vom Gelbsenf

Orientalische Gemüsewaffeln

2 EL Mandeln
4 Zucchini
4 dicke Karotten
1 Bund Schnittlauch
1 kleiner Bund Koriander
2 Handvoll junge Giersch-
  blätter
6 EL Zitronensaft, frisch
  gepresst
2 EL Mandelpüree
2 EL Sesamsamen
1 EL Agavendicksaft
1 TL Schwarzkümmel

> Mandeln 8 Stunden einweichen, danach in Stifte hacken.
  Zucchini und Karotten mit einem Waffelschneider zu Waffel-
  scheiben verarbeiten. Die Kräuter kleinhacken und mit den
  Waffeln und den Mandelstiften vermengen. Zitronensaft und
  Mandelpüree mit dem Pürierstab cremig verrühren. Sesam-
  samen und Agavendicksaft dazugeben und nochmals pürieren.
  Schwarzkümmel in die Sauce rühren und alles mit der Kräuter-
  Gemüse-Mischung vermengen.
> Nach Geschmack:
  Meersalz
  Sesamöl

Bunte Gemüsespaghetti mit Frühjahrsblüten

1 Süßkartoffel, ca. 15–20 cm
1 Rettich, ca. 30 cm
2 Zucchini
4 EL Sonnenblumenkerne
Saft von 1 Orange
2 Handvoll Blüten von Gundermann, Stiefmütterchen,
  Veilchen, Wiesen-Schaumkraut und Löwenzahn

> Süßkartoffel und Rettich schälen und mit einem Julienne-
  Schneider in feine Spaghetti schneiden, ebenso die Zucchini.
  Das Gemüse mit Sonnenblumenkernen und Orangensaft sowie
  den Blüten mischen.
> Nach Geschmack:
  Meersalz oder Hanfsauce
  Olivenöl

Koriander und Schwarz-
kümmel hüllen Zucchini-
und Karottenwaffeln in
einen Hauch von Orient.

Lindenblatt-Cannelloni

Die großen Blätter mancher Lindenbäume eignen sich gut zum
Füllen. Es können aber ebenso auch andere Blätter, etwa Mangoldblätter oder die Blätter der Ulme, verwendet werden.

Cannelloni mit Tomaten-Füllung

> Tomaten klein würfeln und mit den abgezupften Blättern vom
  Majoran mischen. Die Füllung auf die Unterseite der Blätter
  setzen und diese zusammenrollen. Den Blattstiel zum Zustecken verwenden.
> Nach Geschmack:
  Meersalz

4 Fleischtomaten
8 Zweige Majoran
16 große Lindenblätter

Cannelloni mit Süßkartoffel-Pilz-Füllung

> Die Sonnenblumenkerne über Nacht einweichen und danach
  gut abtropfen lassen. Süßkartoffel, Zwiebel, Pilze und die
  Kräuter sowie die Lindenblätter im Zerkleinerer oder mit dem
  Wiegemesser fein hacken und vermischen. Mandelpüree mit
  dem Zitronensaft und Wasser zu einer cremigen Masse verrühren und mit der Kräuter-Gemüse-Mischung vermengen.
  Die Füllung auf die Unterseite der großen Lindenblätter setzen
  und diese zusammenrollen. Den Blattstiel zum Zustecken verwenden.
> Nach Geschmack:
  Meersalz

150 g Sonnenblumenkerne
1 Süßkartoffel, ca. 15 cm lang
1 Zwiebel
150 g Champignons
1 Handvoll Blütenstände vom
  Spitz-Wegerich
1 Handvoll Löwenzahnblätter
5 Löwenzahnblüten
1 Handvoll Lindenblätter
2 TL Mandelpüree
Saft von ½ Zitrone
3 EL Wasser
24 große Lindenblätter

Desserts

Bei diesen Desserts dürfen Sie guten Gewissens zugreifen – sie schmecken nicht nur köstlich, sondern sind auch noch gesund.

> **Tipp**
>
> **Mandelpüree** gibt es in Rohkost-qualität. Damit lässt sich durch Verdünnen mit Wasser auch leicht **Mandelmilch** oder **Mandelsoße** herstellen. Mandelmilch lässt sich verwenden wie Kuhmilch.

Diese Desserts sind keine Dickmacher, vor denen Sie sich fürchten müssten – auch wenn manche durchaus gehaltvoll sind. Aber als Ergänzung von Obst und Gemüse dürfen es ruhig auch einmal fetthaltige Nüsse oder leckere Trockenfrüchte sein, auch sie gehören seit Urzeiten zur menschlichen Nahrung. Und zur urgesunden Nahrung zählen natürlich auch die Wildpflanzen.

> Zimtpflaumen mit Sumpf-ziest – ein Dessert für alle, die es am liebsten pur mögen.

Zimtpflaumen mit Sumpfziest

500 g Pflaumen
Zimt, gemahlen
Blüten und sehr junge Blätter vom Sumpf-Ziest

> Pflaumen entsteinen, längs in Scheiben schneiden und in Kreisform anrichten. Mit Zimt bepudern und mit den Blättern und Blüten vom Sumpf-Ziest bestreuen.

> Variante: Wer mag, kann dazu aus Mandelpüree, Datteln und Wasser mit dem Pürierstab eine Sauce herstellen.

120 g Cashew-Kerne, alternativ Macadamia-Nüsse
10 Datteln der Sorte 'Medjool' oder 20 'Deglet Nour'
30 Kakaobohnen, roh
20 Blüten-Köpfchen von der Roten Taubnessel mit mindestens 2 grünen Blatt-paaren
Wasser nach Bedarf

Mousse au Chocolat mit Roter Taubnessel

Bild auf Seite 67

Dieses Dessert ist aufgrund des herben Geschmacks eher für fortgeschrittene Rohköstler geeignet.
> Die Cashew-Kerne mindestens über Nacht einweichen. Datteln entkernen. Alle Zutaten im Zerkleinerer oder mit dem Pürierstab pürieren. Dabei so viel Wasser zugeben, dass eine feine Creme entsteht.

Winterlicher Frucht-Salat à la Vanille

> Berberitzenbeeren in Orangensaft über Nacht einweichen. Birnen vom Kernhaus befreien und mit der Schale klein würfeln. Mangos schälen und Fruchtfleisch klein würfeln. Orangenschale von einer Orange mit einem Zestenreißer dünn abschälen, dann beide Orangen schälen und anschließend filetieren; Filets in mehrere mundgerechte Stücke teilen. Den Rest der Orangen gut mit der Hand ausdrücken und den Saft auffangen. Die Samen aus der Vanilleschote kratzen und mit dem Obst, den Orangenzesten, dem Saft der Orangen und den eingeweichten Berberitzenbeeren mischen.

3 EL Berberitzenbeeren, getrocknet
1 kleines Glas frisch gepresster Orangensaft
2 Birnen
2 Mangos
2 Orangen, unbehandelt
½ Vanilleschote

Tipp

> **Vanilleschoten** gibt es aus biologischem Anbau, aus fairem Handel von Kleinprojekten und schonend bearbeitet.
> **Berberitzenbeeren** können frisch gesammelt und getrocknet werden. Sie sind aber auch im Handel in Rohkostqualität erhältlich.

Mediterrane Sommerdüfte verbreitet dieser Obstsalat mit Lavendel.

Obstsalat à la Provence

2 Honigmelonen
8 große Aprikosen
20 Ähren vom Echten Lavendel

Tipp

Hierzu passt **Bananen-Brennnessel-Eis**, die gefrorene Variante des Iron-Banana von Seite 127.

> Die Honigmelonen, die möglichst saftig und aromatisch sein sollten, in der Mitte durchschneiden und mit einem Löffel die Kerne entfernen. Mit einem Kugelausstecher mittlerer Größe gleichmäßige Kugeln aus dem Fruchtfleisch ausstechen. Den Saft, der sich dabei in den Melonenhälften bildet, später zum Salat geben. Die Aprikosen entkernen und in Spalten schneiden. Diese mit den Melonenkugeln und dem Saft mischen und die abgestreiften Blüten von 8 Lavendelähren unterheben. Den Salat in 4 Schälchen anrichten und mit je 3 Lavendelähren dekorieren.

Beeren-Kirschen-Traum

300 g Zedernkerne
200 g Himbeeren
8 Datteln
20 Köpfchen von der Roten
  Taubnessel
150 g Kirschen
125 g Himbeeren
125 g Johannisbeeren

> Die Zedernkerne über Nacht
  einweichen. Zedernkerne,
  Himbeeren, entkernte Datteln und 16 Köpfchen von
  der Roten Taubnessel im
  Zerkleinerer, Mixer oder mit
  dem Pürierstab zu einer
  feinen Creme pürieren.
  Abwechselnd Kirschen, Himbeeren, Johannisbeeren und
  Creme in ein Glas schichten.
  Das Ganze schließlich mit
  einem Köpfchen von der
  Roten Taubnessel garnieren.

Pfirsich-Pflaumen-Wegerich-Komposition

> Die Cashew-Kerne im Saft einer jungen Kokosnuss einweichen.
  Pfirsiche und Pflaumen oder Reineclauden in schmale Schnitze
  schneiden. Die eingeweichten Cashews mit dem Wiegemesser
  etwas zerkleinern, die Fruchtkapseln vom Breit-Wegerich von
  den Ähren abstreifen. Alle Zutaten mit dem Kokosnuss-Saft, in
  dem die Cashews eingeweicht wurden, vermengen.

60 rohe, geschälte Cashew-
  Kerne
Saft einer jungen Kokosnuss
  (Pagode)
2 Pfirsiche
12 gelbe Pflaumen der Sorte
  'Ontario-Pflaume' oder
  Reineclauden der Sorte
  'Reineclaude d'Oullins'
40 Fruchtstände (Ähren) vom
  Breit-Wegerich

Linden-Zitronen-Kaltschale

4 EL Mandelpüree
Saft von 4 Zitronen
4 EL Agavendicksaft
2 junge Kokosnüsse (Pagoden)
1 Handvoll Melissenblätter
2 Handvoll Lindenblätter

Wer großen Appetit hat oder das Rezept für eine eigenständige Mahlzeit nutzen möchte, nimmt einfach die doppelte Menge der Zutaten.

> Mandelpüree und Zitronensaft zu einer cremigen Masse verrühren. Agavendicksaft unterrühren. Jeweils das leicht zu öffnende Auge der Kokosnüsse öffnen, den Saft in Gläsern auffangen. Kokosnüsse dann ganz öffnen und das weiße Fruchtfleisch mit einem Löffel von der Schale kratzen. Mit der Mandelcreme, den Melissen- und Lindenblättern und 100 ml des aufgefangenen Kokosnusssafts im Zerkleinerer zu einer homogenen, flüssigen Masse verarbeiten.

> Variante: Wenn Sie keine Kokosnüsse zur Verfügung haben, können Sie stattdessen auch 8 EL Kokosflocken und Wasser verwenden.

Alt und wertvoll

Alte Obstsorten haben oft mehr wertvolle Inhaltsstoffe und einen ausgeprägteren Geschmack als neue Züchtungen. Die Ontario-Pflaume, siehe S. 119, wurde im Jahr 1847 in den Handel gebracht, Oullins Reineclaude wurde wahrscheinlich um 1800 gefunden.

An Ambrosia, die himmlische Speise der griechischen Götterwelt, erinnert dieses Dessert mit den saftigen Granatapfelkernen, die für Kinder Gummibärchenersatz sind.

Zitronig – cremig – leicht: Kaltschale mit Blütendekoration.

300 g Macadamia-Nüsse
16 Datteln
1 Vanilleschote
Saft von 2 Zitronen
Saft von 4 Clementinen
40 Blätter der Weg-Malve
etwas Wasser bei Bedarf
1 großer Granatapfel

Ambrosia-Götterspeise

Weil dieses Dessert sehr reichhaltig ist, reicht die Menge auch für sechs, mit mehr Früchten auch für acht Personen.

> Macadamia-Nüsse über Nacht einweichen. Datteln entkernen und mit den eingeweichten Macadamias, dem Mark der Vanilleschote, dem Zitronen- und Clementinensaft sowie den Malvenblättern im Zerkleinerer zu einer feinen Creme pürieren. Bei Bedarf etwas Wasser zugeben. Granatapfel schälen und die vom roten Fruchtfleisch umgebenen Kerne lösen. Creme in Schälchen füllen und die Granatapfelkerne darauf verteilen.

> Variante: Liebhaber blumiger Geschmacksrichtungen können anstelle von Malvenblättern auch die Blätter von Duftpelargonien verwenden. Da diese bei den meisten Sorten größer und von intensiverem Geschmack sind, ist eine entsprechend geringere Menge an Blättern ausreichend.

Veilchen und junge Brennnesseln kommen hier als Frühlingsboten in einer zarten Creme daher.

Veilchen-Creme

4 Bananen
4 Handvoll Brennnesseln
80 Veilchenblüten

> Die geschälten Bananen mit den Brennnesselblättern und den Veilchenblüten pürieren. Mit Veilchenblüten dekorieren.

Paradies-Creme

1 Orange
Fruchtfleisch von 2 jungen
  Kokosnüssen (Pagoden)
1 EL Agavendicksaft
½ Vanilleschote
1 Handvoll Blüten von der
  Goldnessel
12 Goldnesselblätter

> Orange schälen und vierteln. Im Zerkleinerer zusammen mit dem Kokosnussfleisch, dem Agavendicksaft, dem Mark der halben Vanilleschote und den Goldnesselblüten zu einer feinen Creme pürieren. In Schälchen füllen und mit Goldnesselblättern garnieren.

Smoothies und Fruchtpürees

Gesundes Grün in gefälliger Kombination mit Früchten,
das sind Smoothies und Fruchtpürees – im Sommer
auch eisgekühlt, im Winter ein kräftiger Vitaminstoß.

Smoothies sind zähflüssige Getränke aus ganzen Früchten, Obst-
säften und – in unserem Fall – auch Wildpflanzen. Beim Pürieren
kann durch Saft- oder Wasserzugabe gesteuert werden, ob die
Konsistenz mehr flüssig oder mehr püreeartig sein soll. Die einen
löffeln ihre Smoothies lieber, während andere sie lieber trinken.
Auch Kinder lieben Smoothies – und das in der Regel in allen
Varianten.
Im Sommer kann die ganze Palette an Früchten und essbaren
Wildpflanzen in den Mixer wandern. Aber Smoothies sind besonders auch im Winter eine gute Möglichkeit, sich mit Wildpflanzen
zu versorgen. Nachfolgend finden Sie deshalb vor allem auch
einige Smoothie-Varianten für den Winter.

Winter-Smoothie

4 Handvoll Brombeerblätter
4 mittelgroße Bananen
1 Bund glatte Petersilie
20 Walnüsse
Saft von 1 Zitrone
Wasser nach Bedarf

> Die stachelige Mittelrippe der Brombeerblätter herausschneiden.
  Die Blätter mit Bananen, Petersilie, Nüssen, Zitronensaft und
  Wasser pürieren. Dabei so viel Wasser zugeben, bis die
  gewünschte Konsistenz – zum Löffeln oder Trinken – erreicht ist.

> Variante: Pro Person
  5 Litschis schälen,
  entkernen und mit-
  pürieren oder klein-
  schneiden und
  daruntermischen.

Tipp

Solange Brombeerblätter zu finden sind, haben Sie damit
die beste Grundlage für Winter-Smoothies. Wenn das
nicht der Fall ist, können Sie auch Sprossen, Winterpostelein oder Grünkohl und frische oder getrocknete Kräuter verwenden (siehe folgende Seiten).

Tiefster-Winter-Smoothie

200 g Alfalfa-Sprossen
2 EL Sanddornbeeren,
    getrocknet
4 Bananen
4 TL Brennnesselblätter,
    geschnitten und getrocknet
Saft von 1 Zitrone
½ TL Süßkraut (Stevia),
    getrocknet und gemahlen
Wasser nach Bedarf

Wenn es im Winter über lange Zeit kalt ist und selbst die Brombeerblätter unter Kahlfrösten gelitten haben, dann ist es Zeit für diesen Smoothie. Sprossen sind schnell ausgesät und können nach einigen Tagen geerntet werden. Brennnesselblätter und Sanddornfrüchte müssen Sie zwar getrocknet verwenden, sie sind aber auch in diesem Zustand immer noch reich an wertvollen Inhaltsstoffen. Mit Stevia-Blättern lässt sich gesund süßen. Getrocknete Zutaten lassen sich beispielsweise auch gut mit in den Winterurlaub nehmen und vor Ort mit Sprossen oder frischem Grün und Bananen aus dem Bioladen ergänzen.

> Wer die Alfalfa-Sprossen selbst anzieht, sollte sie so lange keimen lassen, bis sie intensiv grün sind. Sanddornbeeren 1–2 Tage einweichen. Die Sprossen waschen und mit den Bananen in den Mixer oder ein Gefäß zum Pürieren geben. Brennnesselblätter, Sanddornbeeren, Zitronensaft und Süßkraut dazu geben und pürieren. So viel Wasser zugeben, bis die gewünschte Konsistenz – zum Löffeln oder Trinken – erreicht ist.

Grüner Vitaminstoß

5 Clementinen
2 Orangen
5 große Blätter vom Grünkohl
150 g Winterpostelein
3 EL Agavendicksaft
Wasser nach Bedarf

> Clementinen und Orangen schälen und grob zerkleinern. Die Grünkohlblätter von der Mittelrippe befreien und kleinzupfen. Zusammen mit den übrigen Zutaten pürieren. Dabei so viel Wasser zugeben, bis die gewünschte Konsistenz – zum Löffeln oder Trinken – erreicht ist.

Grün wie ein Drache –
so macht Gesundes auch
Kindern Appetit.

Kleiner Drache

Der Kleine Drache ist die einfachere und mildere Variante des
Grünen Vitaminstoßes und bei Kindern besonders beliebt.

> Von den Orangen die äußere Schale dünn abschneiden und die
Frucht mit der weißen Schale in Stücke schneiden. Mit der
Banane und dem Winterpostelein fein pürieren. Dabei so viel
Wasser zugeben, bis die gewünschte Konsistenz – zum Löffeln
oder zum Trinken – erreicht ist.

> Variante: Smoothie unverdünnt zubereiten und als „Grünen
Pudding" zum Dessert reichen.

2 Orangen
1 Banane
4 Handvoll Winterpostelein
Wasser nach Bedarf

Hexentrunk

20 Brombeerblätter
300 g Heidelbeeren, tiefgefro-
    ren oder getrocknet und ein-
    geweicht
6 EL Agavendicksaft
300 g Winterpostelein
Wasser nach Bedarf

Der geradezu „giftig" gefärbte Trunk eignet sich bestens als
Bereicherung eines Faschings- oder Halloweenbuffets – auch
kleine Hexen und Hexenmeister sind begeistert.

> Die stachelige Mittelrippe der Brombeerblätter herausschnei-
  den. Heidelbeeren auftauen oder, falls getrocknete Früchte
  verwendet werden, über Nacht einweichen. Mit Brombeerblättern, Agavendicksaft, Winterpostelein und Wasser pürieren.
  Dabei so viel Wasser zugeben, bis die gewünschte Konsistenz –
  zum Löffeln oder Trinken – erreicht ist.

> Variante: Im Sommer kann der Smoothie ebenso gut aus Spinat
  oder Vogelmiere und frischen Heidelbeeren zubereitet werden.

Heidelbeer-Pfefferminzgeranien-Smoothie

4 Bananen
250 g Heidelbeeren
12 größere Blätter der
    Pfefferminzgeranie
    (Pelargonium tomentosum)
4 EL Zitronensaft
Wasser nach Bedarf

> Bananen mit Heidelbeeren, Blättern der Pfefferminzgeranie
  (auch Pfefferminzpelargonie genannt) und Zitronensaft
  pürieren. So viel Wasser zugeben, bis die gewünschte
  Konsistenz – zum Löffeln oder Trinken – erreicht ist.

> Variante: Anstelle von Heidelbeeren können Sie auch Erdbeeren
  oder andere Früchte, anstelle der Pfefferminzgeranie auch
  andere Duftgeranien, etwa die Apfelduftpelargonie (Pelargonium
  odoratissimum) verwenden.

Schon gewusst?

Duftgeranien oder **Duftpelargonien**, wie sie auch genannt
werden, sind keine einheimischen Wildpflanzen. Sie stammen aus Südafrika. Als Kübelpflanze auf der Terrasse oder
als Duftpflanze im Zimmer können sie das ganze Jahr über
auch kulinarisch genutzt werden. Aufgrund ihres starken
Wachstums lassen sich die Pflanzen häufig beernten, ohne
an Attraktivität einzubüßen.

Iron Banana

> Bananen und Kiwis schälen. Mit den Brennnesselblättern und dem Saft der Zitrone pürieren. So viel Wasser zugeben, bis die gewünschte Konsistenz – zum Löffeln oder Trinken – erreicht ist.

> Variante: Wenn Sie die Bananen erst in 1 cm starke Scheiben schneiden und für einige Stunden einfrieren, bevor Sie sie mit den übrigen Zutaten in den Zerkleinerer geben, erhalten Sie ein wunderbar cremiges Eis: „Frozen Iron Banana"

4 Bananen
4 Kiwis
4 Handvoll junge Brennnesselblätter
Saft von 1 kleinen Zitrone
Wasser nach Bedarf

All-Time-Favourite

All-Time-Favourite heißt dieser Smoothie, weil er zu jeder Jahreszeit zubereitet werden kann.
> Geschälte Bananen, Himbeeren, von der Mittelrippe befreite Brombeerblätter sowie die Brennnesselblätter pürieren. Dabei soviel Wasser zugeben, bis die gewünschte Konsistenz – zum Löffeln oder Trinken – erreicht ist.

Varianten:
> Im Sommer, wenn man es leichter mag, kann auf die Brombeerblätter verzichtet werden.
> Wird dieser Smoothie mit gefrorenen Himbeeren zubereitet, wird daraus ein herrlich cremiges Himbeereis.
> Im Winter wird man ohnehin auf gefrorene Himbeeren und Brennnesselblätter in geschnittener und getrockneter Form zurückgreifen müssen. Für dieses Rezept werden etwa 4 EL davon verwendet.

3 große Bananen
200 g Himbeeren
25 Brombeerblätter
2 Handvoll Brennnesselblätter
Wasser nach Bedarf

Torten und Plätzchen für Süßschnäbel

Auch auf Torten und Plätzchen muss keiner verzichten. Hier finden Sie eine Auswahl an gesundem Naschwerk.

Seien Sie auf der Hut! Rechnen Sie niemals damit, dass Sie Ihre Rohkost-Kuchen oder rohköstlichen Kekse für sich alleine haben könnten. Die verlockend aussehenden Süßigkeiten aus Rohkost finden viele Anhänger und werden selbst von reichhaltigen Kuchenbüfetts zuerst verputzt.

> So ein Törtchen ist einfach verlockend. Gut, wenn Sie noch einige als Reserve gemacht haben.

für den Boden:
150 g Datteln, entsteint
150 g Mandeln
3 EL Berberitzenbeeren, getrocknet
½ TL Zimt
Orangensaft, frisch gepresst nach Bedarf (etwa 1 Orange)
1 TL Speiseöl für die Form
2 EL gelbe Leinsamen

für die Füllung:
200 g Cashew-Kerne
abgeriebene Schale einer Orange, unbehandelt
Saft von 2 Orangen
1½ TL Stevia-Pulver aus gemahlenen Blättern oder frisches Stevia-Kraut
½ Vanilleschote

für den Belag:
4 Orangen
3 EL Agavendicksaft

Orangen-Torte

Bild auf Seite 81

> Mandeln mindestens über Nacht in Wasser einweichen. Cashew-Kerne im Saft der 2 Orangen mindestens 3–4 Stunden einweichen. Für den Boden Datteln mit den Mandeln, Berberitzenbeeren, Zimt und etwas Orangensaft im Zerkleinerer oder mit dem Wiegemesser zu einem körnigen Kuchenteig verarbeiten. Den Kuchenteig in eine erst mit Öl eingestrichene und dann mit Leinsamen ausgestreute Springform drücken, dabei einen zirka 3 cm hohen Rand formen. Für etwa 4 Stunden bei unter 40 °C im Backofen bei Umluft oder im Lebensmitteltrockner trocknen lassen.
> Cashew-Kerne mit Orangenschale, Orangensaft, Stevia-Pulver (siehe Tipp S. 130) und dem Mark aus der Vanilleschote pürieren, sodass eine feine, cremige Masse entsteht. Die Masse in den abgekühlten Tortenboden füllen, die Torte für weitere 2 Stunden im Trockner oder Ofen trocknen lassen.
> Orangen schälen und filetieren und die Torte damit belegen. Zum Schluss die Orangenfilets mit Agavendicksaft bestreichen.

Himbeertörtchen mit Gundelrebe

> Aprikosenkerne über Nacht einweichen. Datteln entkernen.
Datteln, Gundelrebenblätter und Aprikosenkerne kleinhacken,
und zwar so weit, dass sich durch Kneten ein Teig herstellen
lässt. (Oder unter Zugabe von etwas Wasser im Zerkleinerer
einen körnigen Teig herstellen.) Daraus 12 runde Törtchen von
½ cm Höhe formen und auf Teller setzen. Mit Himbeeren belegen und mit Ranken der Gundelrebe garnieren.

für 12 Törtchen
300 g Aprikosenkerne, süß
300 g Datteln
ca. 50 Blätter von der Gundelrebe (Gundermann) mit etwa
  2 cm Durchmesser
750 g Himbeeren (15–20 Himbeeren pro Törtchen)
Gundelrebe-Ranken zum
  Garnieren

Tipp

Zu Tartelettes trocknen

Werden die Törtchen im Ofen bei Umluft
unter 40 °C oder im Dörrgerät getrocknet,
können sie länger gelagert und so als Vorrat
genutzt werden.

Exotische Ahornblüten-Torte

150 g Mandeln
150 g Datteln, entkernt
1 Handvoll gemischte Kräuter
und junge Baumblätter
(z. B. Löwenzahn, Linden-
blätter, Giersch, Vogelmiere)
Saft von 1 Orange
3 EL Sesamsamen, ungeschält,
für den Teig
1–2 EL Sesamsamen, unge-
schält, zum Bestreuen der
Tortenplatte
für den Belag:
4 Kiwis
1 kleine Mango (siehe Tipp
S. 132)
1 Handvoll Blüten vom Spitz-
Ahorn

Der Teig dieser Torte wird frisch verwendet, kann aber auch einige Zeit vor dem Belegen getrocknet werden, wodurch die Torte stabiler wird. Vorteil des frischen Teigs ist, dass die Torte innerhalb einer halben Stunde verzehrfertig ist.

> Mandeln über Nacht einweichen, mit den Datteln, Kräutern und Orangensaft im Zerkleinerer zu einem feinkörnigen Teig verarbeiten. Den Teig mit 3 EL Sesamsamen vermengen.
1–2 EL Sesamsamen auf einer Tortenplatte oder einem größeren flachen Teller ausstreuen und den Teig darauf glatt ausstreichen. Kiwis und Mango schälen. Kiwis in Scheiben schneiden und vom Rand her den Tortenboden damit belegen. Das Fruchtfleisch der Mango klein würfeln und die Mitte der Torte damit belegen. Die Lücken zwischen den Kiwi-Scheiben mit Ahornblüten füllen.

Süßkraut für Süßschnäbel

Tipp

Blätter vom Süßkraut *(Stevia rebaudiana)*, einer Pflanze aus Südamerika, sind dreißigmal süßer als Zucker, enthalten aber fast keine Kalorien und schaden den Zähnen nicht. Das Süßen mit Stevia-Kraut mag für Anfänger etwas ungewohnt sein, lohnt aber das Probieren. Es ist besser, mit einer kleinen Menge an Blättern oder getrocknetem Kraut zu beginnen und nur bei Bedarf je nach Geschmack die Menge zu erhöhen. Kaufen Sie sich doch eine Stevia-Pflanze für zu Hause, auf diese Weise können Sie die Süße immer frisch ernten. Wer den leicht lakritzartigen Eigengeschmack des Süßkrauts nicht mag, kann anstelle dessen auch rohen Agavendicksaft oder Datteln verwenden.

Exotische Früchte und heimische Wildpflanzen
gehen in der Ahornblüten-Torte eine harmonische
Liaison ein.

Zitronenzungen

> Die Zedernkerne über Nacht im Zitronensaft einweichen.
Sollte der Saft alleine nicht ausreichen, soviel Wasser zugeben,
bis die Kerne bedeckt sind. Kerne vor der Verwendung abtropfen
lassen, den Saft auffangen und, falls Bedarf besteht, später
zugeben. Mit der Muskatreibe eine Prise von der Tonkabohne
abreiben. Datteln entkernen und mit Zedernkernen, geriebener
Tonkabohne, Zitronenschalenabrieb, Melisseblättern, Fichten-
trieben und gegebenenfalls etwas vom aufgefangenen Saft im
Zerkleinerer zu einem Teig verarbeiten, der zur Verwendung
im Spritzbeutel geeignet ist. Den Teig in einen Spritzbeutel
füllen und damit ca. 40 Zungen auf ein mit Backpapier beleg-
tes Blech oder Gitter setzen. Die Zungen im Ofen bei Umluft
oder im Dörrgerät bei Temperaturen unter 40 °C ca. 12 Stunden
trocknen.
> Die Zitronenzungen sind sehr fetthaltig und behalten dadurch
eine weiche Konsistenz, vergleichbar mit Trüffelpralinen. Zur
Lagerung daher nicht aufeinandersetzen!

100 g Zedernkerne (alternativ
    Pinienkerne)
Saft von 1 Zitrone
1 Prise geriebene Tonkabohne
50 g Datteln, Sorte 'Deglet
    Nour'
Abrieb der Schale von
    ½ Zitrone, unbehandelt
10 junge Blättchen von der
    Melisse
3 sehr junge Triebspitzen von
    der Fichte

Karibik-Sterne aus Mango und Kokosraspeln schmecken nicht nur zu Weihnachten!

Schoko-Minze-Küsschen

100 g Mandeln
15 Kakaobohnen, getrocknet
50 g Datteln, entkernt
50 g Trockenpflaumen, entsteint
10 Blätter von der Schoko-Minze
1 TL Zimt
Wasser nach Bedarf
50 g Pinienkerne

> Mandeln über Nacht einweichen. Kakaobohnen, entkernte Datteln und Trockenpflaumen ebenfalls mindestens 2–3 Stunden einweichen. Aus diesen Zutaten, vermengt mit der Schoko-Minze und dem Zimt, im Zerkleinerer einen homogenen, mittelfein gekörnten Teig herstellen. Bei Bedarf noch etwas Wasser zugeben. Den Teig mit einem Spritzbeutel als kleine Häufchen auf ein mit Backpapier belegtes Backblech spritzen. Die Teigmenge reicht für 60–70 Stück. Jedes Küsschen wird mit 3 Pinienkernen verziert. Im Backofen mit Umluft bei unter 40 °C zirka 6 Stunden trocknen lassen. Die Küsschen sollten außen trocken sein und innen einen noch weichen Kern haben.

> Variante: Anstelle der Minze-Blätter kann auch 1 Msp. gemahlene Nelken verwendet werden. So werden aus diesem Rezept leckere Schoko-Gewürz-Küsschen für die Weihnachtszeit.

Tipp

Mangos gibt es in sehr unterschiedlich großen Sorten im Handel. So ist zum Beispiel die überaus aromatische Sorte 'Smaragd' ausgesprochen kleinfruchtig, während Mangos der Sorte 'Amelie', ein sehr fruchtiges Aroma aufweisen und viel größer sind. Doch welche Sorte Sie auch verwenden, achten Sie immer darauf, dass die Früchte wirklich reif sind!

Karibik-Sterne

> Mangoscheiben einige Stunden in Wasser einweichen. Zusammen mit den trockenen Kokosraspeln daraus im Zerkleinerer oder in der Küchenmaschine einen formbaren Teig zubereiten. Den Teig zwischen Küchenfolie etwa 0,5 cm dick ausrollen und ca. 80–100 Sterne ausstechen. Sterne im Ofen oder Trockner so weit trocknen, dass sie sich beim Anheben nicht mehr stark verformen (im Ofen unter 40 °C bei Umluft 1,5–2 Stunden).
> Für die Füllung Ananas, Preiselbeeren und Macadamias über Nacht in Orangensaft einweichen. Daraus im Zerkleinerer, Mixer oder mit dem Pürierstab eine streichfähige, aber nicht zu flüssige Creme herstellen. Jeweils einen Stern auf der Unterseite mit der Creme bestreichen und einen zweiten darauf setzen. Sterne danach fertig trocknen lassen.

> Variante: Anstelle von Trockenfrüchten können natürlich auch frische Früchte verwendet werden. Das Einweichen entfällt dann, die Trocknungszeit erhöht sich meist.

200 g getrocknete Mango-
  scheiben
200 g Kokosraspel
für die Füllung:
75 g getrocknete Ananas
2 EL Preiselbeeren, getrocknet
50 g Macadamia-Nüsse
Saft von 1 Orange

Leckereien für Zwischendurch

Wer Zwischendurch immer mal wieder Hunger hat, sollte sich dafür wappnen. Mit den folgenden Snacks sind Sie auf der sicheren Seite.

Die Erprobten unter den Rohköstlern greifen zum Apfel, zur Gurke oder sind mit ein paar Nüssen zufrieden. Diejenigen, die immer mal wieder von Gelüsten geplagt werden, finden nachfolgend gesunde Varianten zu Süßkram und Knabberzeug.

Pisten-Snack

6 große Blätter vom Grünkohl
12 Datteln, Sorte 'Medjool'
6 Walnüsse

Wer beim Skifahren plötzlich Hunger bekommt, ist mit diesem Snack bestens ausgerüstet. Die Datteln und die Nüsse sorgen für Energie, der Grünkohl für Vitamine und Sättigung.

> Grünkohlblätter von der Mittelrippe befreien. Datteln längs aufschneiden und den Kern herausnehmen. Grünkohlblattstücke streng zusammenrollen und in die Datteln hineinlegen. Zusätzlich eine Walnusshälfte in jede Dattel geben.

> Variante für den Sommer:
Dattelschiffchen: Anstelle des Grünkohls ein oder mehrere Minzeblätter in die Dattel stecken (Bild auf Seite 46).

Diese Snacks liefern Energie, Vitamine und machen satt – nicht nur beim Wintersport.

Marinierte Zwiebeln

> Zwiebeln schälen und in dünne Ringe schneiden. Blättchen vom Zitronen-Thymian abzupfen und mit Paprikapulver und Bockshornklee in den Zitronensaft einrühren. Die Zwiebelringe durch die Marinade ziehen und auf einem mit Backpapier belegten Blech ausbreiten. Danach etwa 6 Stunden bei unter 40 °C im Backofen bei Umluft oder im Lebensmitteltrockner trocknen lassen.

3 Zwiebeln
10 Zweige vom Zitronen-
  Thymian
Saft von 1 Zitrone
½ TL Paprikapulver
1 Msp. Bockshornkleesamen,
  gemahlen

Knoblauchmacadamias

> Knoblauchsrauke kleinhacken, mit Zitronensaft und -schale in einer Schüssel verrühren. Die Macadamia-Nüsse in die Schüssel geben und mit der Zitronen-Kräuter-Marinade gut vermischen. Die Nüsse auf einem mit Backpapier belegten Blech ausbreiten. Danach bei unter 40 °C im Backofen bei Umluft oder in der Sonne trocknen lassen.
> Nach Geschmack: Chilischote oder Chilipulver, Meersalz

200 g Macadamia-Nüsse
1 Handvoll junge Blätter von
  der Knoblauchsrauke
abgeriebene Schale und Saft
  von 1 Zitrone, unbehandelt

Selleriestangen mit Dip

1 Avocado
2 Feigen
2 Handvoll Sprossen, beispielsweise Linsen-, Senf- und
Alfalfa-Sprossen
Saft von 1 Limette
Wasser nach Bedarf
10 Walnüsse
1 EL Sesamsamen
1 Staudensellerie

> Avocadofruchtfleisch mit Feigen, Sprossen und Limettensaft pürieren. Eventuell etwas Wasser zugeben, sodass ein cremiger Dip entsteht. Walnüsse kleinhacken und mit den Sesamsamen unter den Dip rühren.
> Selleriestangen waschen, von groben Fasern und bitteren Blättern befreien und dazu reichen.

Winter-Stärkungs-Müsli

30 Maroni (Esskastanien)
200 g Macadamia-Nüsse
120 g Rosinen, sonnen-
getrocknet
1 Vanilleschote
1 Zitrone
ca. 30 Brombeerblätter
2 Äpfel
2 Bananen
4 Clementinen

Dieses Müsli ist so reichhaltig, dass es lange vorhält und damit die beste Grundlage für einen Wintertag im Freien bietet.
> Maroni von ihrer harten braunen Schale befreien und zusammen mit Macadamia-Nüssen und Rosinen über Nacht in Wasser einweichen. Mark der Vanilleschote und die mit einem Zestenreißer abgeschälte Schale einer ganzen Zitrone ebenfalls mit einweichen. Brombeerblätter von ihrer stacheligen Mittelrippe befreien. Maroni, Macadamia-Nüsse und die anderen eingeweichten Zutaten zusammen mit den Brombeerblättern im Zerkleinerer grob zerhacken. Das Einweichwasser zum Teil mitverwenden, so bleibt das Müsli schön saftig – auch ohne Milch. Äpfel, geschälte Bananen und Clementinen in mundgerechte Stücke schneiden und unter die zerkleinerten Zutaten mischen.

Schon gewusst?

Maroni sind die **Früchte der Ess- oder Edelkastanien**. Sie enthalten im Gegensatz zu anderen Nüssen viel Stärke und Zucker. In wärmeren Gebieten, in Flusstälern und Weinbaugebieten beispielsweise, gibt es auch bei uns in den Wäldern Esskastanienbäume. Dort lohnt es sich, im Herbst die stacheligen Fruchtbecher, in denen mehrere Nüsse sitzen, zu sammeln. Die frischen Maroni enthalten noch viel Gerbsäure und haben deshalb einen adstringierenden (zusammenziehenden) Geschmack. Lässt man sie aber einige Tage liegen, werden sie mild und süß.

Service

Deutsche und botanische Pflanzennamen

Essbare Wildpflanzen	
Acker-Hellerkraut	*Thlaspi arvense*
Ahorn, Spitz-	*Acer platanoides*
Bärlauch	*Allium ursinum*
Beinwell, Gewöhnlicher	*Symphytum officinale*
Berberitze, Gewöhnliche; Sauerdorn	*Berberis vulgaris*
Birke, Hänge-	*Betula pendula*
Braunelle, Gewöhnliche	*Prunella vulgaris*
Brennnessel, Große	*Urtica dioica*
Brennnessel, Kleine	*Urtica urens*
Brombeere	*Rubus fruticosus agg.*
Brunnenkresse, Echte	*Nasturtium officinale*
Buche, Rot-	*Fagus sylvatica*
Dost, Gewöhnlicher; Wilder Majoran	*Origanum vulgare*
Eberesche, Gewöhnliche; Vogelbeere	*Sorbus aucuparia*
Ehrenpreis, Persischer	*Veronica persica*
Ess-Kastanie; Marone; Edel-Kastanie	*Castanea sativa*
Feldsalat, Gewöhnlicher	*Valerianella locusta*
Felsen-Fetthenne, Tripmadam	*Sedum rupestre*
Ferkelkraut, Gewöhnliches	*Hypochaeris radicata*
Fichte, Gewöhnliche	*Picea abies*
Franzosenkraut, Behaartes	*Galinsoga ciliata*
Gänseblümchen	*Bellis perennis*
Gänsefuß, Weißer	*Chenopodium album*
Giersch, Gewöhnlicher; Geißfuß	*Aegopodium podagraria*
Goldnessel, Echte	*Lamium galeobdolon*
Gundelrebe, Gundermann	*Glechoma hederacea*
Günsel, Kriechender	*Ajuga reptans*
Hainbuche, Gewöhnliche; Weißbuche	*Carpinus betulus*
Hainsalat	*Aposeris foetida*
Hasel, Gewöhnliche	*Corylus avellana*
Heidelbeere; Blaubeere	*Vaccinium myrtillus*
Herbstlöwenzahn	*Leontodon autumnalis*
Himbeere	*Rubus idaeus*
Holunder, Schwarzer	*Sambucus nigra*
Huflattich	*Tussilago farfara*
Klee, Roter Wiesen-	*Trifolium pratense*
Klee, Weiß-	*Trifolium repens*
Knopfkraut, Kleinblütiges; Franzosenkraut	*Galinsoga parviflora*
Knoblauchsrauke, Gewöhnliche	*Alliaria petiolata*
Königskerze, Großblütige	*Verbascum densiflorum*
Kornelkirsche	*Cornus mas*
Kratzdistel, Kohl-	*Cirsium oleraceum*
Labkraut, Kleinblütiges Wiesen-	*Galium mollugo*
Linde, Sommer-	*Tilia platyphyllos*
Linde, Winter-	*Tilia cordata*
Löwenzahn, Gewöhnlicher	*Taraxacum officinale agg.*
Lungenkraut, Echtes	*Pulmonaria officinalis*
Mädesüß, Echtes	*Filipendula ulmaria*
Malve, Moschus-	*Malva moschata*
Malve, Weg-; Käsepappel	*Malva neglecta*
Malve, Wilde	*Malva sylvestris*
Meerrettich, Gewöhnlicher	*Armoracia rusticana*
Mehlbeere, Gewöhnliche	*Sorbus aria*
Melde, Spreizende	*Atriplex patula*
Minze, Grüne	*Mentha spicata*
Mispel, Echte	*Mespilus germanica*
Möhre, Wilde	*Daucus carota*
Nachtkerze, Gemeine	*Oenothera biennis*
Preiselbeere; Kronsbeere	*Vaccinium vitis-idaea*
Queller, Kurzähren-	*Salicornia europaea*

Rauke, Wilde; Schmalblättriger Doppelsame	*Diplotaxis tenuifolia*
Sanddorn	*Hippophae rhamnoides*
Sauerampfer, Großer	*Rumex acetosa*
Sauerampfer, Kleiner	*Rumex acetosella*
Sauerklee, Wald-	*Oxalis acetosella*
Schachtelhalm, Acker-; Zinnkraut	*Equisetum arvense*
Schafgarbe	*Achillea millefolium*
Scharbockskraut	*Ranunculus ficaria*
Schaumkraut, Behaartes	*Cardamine hirsuta*
Schaumkraut, Bitteres	*Cardamine amara*
Schaumkraut, Wiesen-	*Cardamine pratensis*
Schlehe, Gewöhnliche; Schwarzdorn	*Prunus spinosa*
Schnittlauch	*Allium schoenoprasum*
Steinklee, Echter; Gelber Steinklee	*Melilotus officinalis*
Stiefmütterchen, Wildes	*Viola tricolor*
Storchschnabel, Wiesen-	*Geranium pratense*
Süßdolde	*Myrrhis odorata*
Taubnessel, Gefleckte	*Lamium maculatum*
Taubnessel, Rote	*Lamium purpureum*
Taubnessel, Weiße	*Lamium album*
Thymian, Feld-	*Thymus pulegioides*
Topinambur	*Helianthus tuberosus*
Ulme, Berg-	*Ulmus glabra*
Veilchen, Wohlriechendes	*Viola odorata*
Vogelkirsche; Süßkirsche	*Prunus avium*
Vogelmiere, Gewöhnliche	*Stellaria media*
Walderdbeere	*Fragaria vesca*
Waldmeister	*Galium odorata*
Walnuss, Echte	*Juglans regia*
Wegerich, Breit-	*Plantago major*
Wegerich, Mittlerer	*Plantago media*
Wegerich, Spitz-	*Plantago lanceolata*
Wegwarte, Gewöhnliche	*Cichorium intybus*
Weidenröschen, Kleinblütiges	*Epilobium parviflorum*
Weidenröschen, Schmalblättriges	*Epilobium angustifolium*
Weißdorn, Eingriffeliger	*Crataegus monogyna*
Wiesenkerbel	*Anthriscus sylvestris*
Wiesenknopf, Kleiner; Pimpinelle	*Sanguisorba minor*
Wiesensalbei	*Salvia pratensis*

Ziest, Echter	*Stachys officinalis*
Ziest, Sumpf-	*Stachys palustris*
Ziest, Wald-	*Stachys sylvatica*

Essbare Zier- und Gartenpflanzen, die nicht oder nur selten wild bei uns vorkommen

Bartnelke	*Dianthus barbatus*
Borretsch, Einjähriger	*Borago officinalis*
Felsenbirne, Gewöhnliche	*Amelanchier ovalis*
Felsenbirne, Kupfer-	*Amelanchier lamarckii*
Kapuzinerkresse, Große	*Tropaeolum majus*
Lauch, Dreikantiger	*Allium triquetrum*
Lavendel, Echter	*Lavandula officinalis*
Majoran	*Origanum majorana*
Maulbeerbaum, Schwarzer	*Morus nigra*
Maulbeerbaum, Weißer	*Morus alba*
Minze, Apfel-	*Mentha × rotundifolia*
Minze, Schoko-	*Mentha × piperita 'Chocolate'*
Phlox, Stauden-	*Phlox paniculata*
Ringelblume, Garten-	*Calendula officinalis*
Rukola; Öl-Rauke	*Eruca sativa*
Stiefmütterchen, Garten-	*Viola × wittrockiana*
Taglilie, Zitronen-	*Hemerocallis citrina*
Thymian, Echter	*Thymus vulgaris*
Thymian, Zitronen-	*Thymus × citriodorus*
Winterzwiebel	*Allium fistulosum*

Giftpflanzen

Aronstab, Gefleckter	*Arum maculatum*
Bingelkraut, Wald-	*Mercurialis perennis*
Efeu, Gewöhnlicher	*Hedera helix*
Eibe, Gewöhnliche	*Taxus baccata*
Eisenhut, Blauer	*Aconitum napellus*
Eisenhut, Gelber	*Aconitum lycoctonum*
Fingerhut, Roter	*Digitalis purpurea*
Haselwurz, Gewöhnliche	*Asarum europaeum*
Herbstzeitlose	*Colchicum autumnale*
Hundspetersilie	*Aethusa cynapium*
Maiglöckchen	*Convallaria majalis*
Schierling, Gefleckter	*Conium maculatum*
Schachtelhalm, Sumpf-	*Equisetum palustre*
Wasserschierling, Giftiger	*Cicuta virosa*

Stichwortverzeichnis

Rezeptverzeichnis

Literatur

Boutenko, V. (2009): Green for Life: Grüne Smoothies nach der Boutenko-Methode. Hans Nietsch Verlag, Freiburg

Bühring, U. (2008): Praxis-Lehrbuch der modernen Heilpflanzenkunde, Grundlagen – Anwendung – Therapie. 2., überarb. Aufl., Sonntag Verlag, Stuttgart

Konz, F. (2009): Der große Gesundheits-Konz. 9. Auflage. Universitas Verlag in F.A. Herbig Verlagsbuchhandlung GmbH, München

Max-Rubner-Institut, Bundesforschungsinstitut für Ernährung und Lebensmittel, Hrsg. (2008): Nationale Verzehrsstudie II, Ergebnisbericht, Teil 1.

Purkayastha, S., Tilney, H. S., Darzi, A. W., Tekkis P. P. (2008): Metaanalysis of Randomized Studies Evaluating Chewing Gum to Enhance Postoperative Recovery Following Colectomy. Archives of Surgery, 2008; 143(8): 788–793

Semler, E. (2006): Rohkost – Historische, therapeutische und theoretische Aspekte einer alternativen Ernährungsform. Dissertation, Justus-Liebig-Universität Gießen

Semler, E. (2008/1): Rohkost-Ernährung - Eine Untersuchung von Langzeit-Rohköstlern. Ernährungs-Umschau 05/08, 280–289

Strassner, C. (1998): Die Gießener Rohkost-Studie: Ernährungs- und Gesundheitsstatus von Rohköstlern unter besonderer Berücksichtigung von Protein und Energie. Dissertation Justus-Liebig-Universität Gießen, Verlag für Medizin und Gesundheit, Heidelberg

Wandmaker, H. (1996): Rohkost statt Feuerkost: Wahre Gesundheit durch natürliche Nahrung. Wilhelm Goldmann Verlag, München

Wolfe, D. (2004): Die Sonnen-Diät: Ein vegetarisches Programm für Vitalität und Superfitness. Wilhelm Goldmann Verlag, München

Spezialliteratur Pflanzen

Dreyer, E.-M. (2007): Wildkräuter und ihre giftigen Doppelgänger. Franckh-Kosmos-Verlag, Stuttgart

Dreyer, E.-M. (2009): Welche Wildkräuter und Beeren sind das? Franck-Kosmos-Verlag, Stuttgart

Eggenberg, S., A. Möhl (2007): Flora Vegetativa. Haupt-Verlag, Bern

Fleischhauer, S., Guthmann, J., Spiegelberger, R. (2007): Essbare Wildpflanzen. 200 Arten bestimmen und verwenden. AT-Verlag, Baden

Fischer-Rizzi, S. (2007): Blätter von Bäumen. AT-Verlag, Baden

Fleischhauer, S. (2005): Enzyklopädie der essbaren Wildpflanzen. AT-Verlag, Baden

Fletcher, N. (2005): Naturführer Wildblumen. 440 Arten aus ganz Europa (DK Naturführer); Dorling-Kindersley, Starnberg

Grey-Wilson, C. (2006): Natur-Bibliothek Wildpflanzen. Dorling-Kindersley, Starnberg

Hecker, U. (2008): Bäume und Sträucher – Naturführer. BLV Buchverlag, München

Jäger, E. J. (2005) Hrsg.: Rothmaler – Exkursionsflora von Deutschland. Bd.2: Gefäßpflanzen: Grundband. Spektrum Akademischer Verlag, Heidelberg

Pahlow, M. (1999): Das große Buch der Heilpflanzen. Gräfe und Unzer Verlag, München

Gruppen und Interessensvereinigungen:

www.die-wurzel.de (Herausgeber von „Die Wurzel – Fachzeitschrift für Vitalkost")

www.bfgev.de (Bund für Gesundheit e.V. durch Natur, Herausgeber von „Natürlich Leben". Das Magazin für Urköstler, Frischköstler, Veganer, Heilpraktiker und weiterstrebende Vegetarier)

www.urkostforum.de (Internetforum moderiert von Brigitte Rondholz, Vizepräsidentin des BfG e.V. und Stellvertreterin von Franz Konz)

www.helmut-wandmaker.de (Herausgeber von „Wandmaker aktuell", das Rohkostmagazin)

www.peta.de (PETA Deutschland e.V. – Tierrechtsorganisation)

Internet-Adressen

www.boga.ruhr-uni-bochum.de (Botanischer Garten Bochum – Pflanzenportraits und -beschreibungen)

www.christine-volm.de

www.essbare-wildpflanzen.de

www.floraweb.de (Bundesamt für Naturschutz – Datenbank mit Pflanzenarten, Informationen über Neophyten, Rote Listen, etc.)

www.meb.uni-bonn.de/giftzentrale (Informationszentrale gegen Vergiftungen des Landes Nordrhein-Westfalen mit Pflanzenlisten)

www.vegan.at/warumvegan/gesundheit/naehrwerttabelle.pdf

Bezugsquellen

Essbare Wildpflanzen – Saatgut und Pflanzen

www.ruehlemanns.de

www.syringa-pflanzen.de

www.helenion.de

www.hof-berggarten.de

www.pflanzentreml.de

Versand essbarer Wildpflanzen zum Verzehr

www.wilde-7.de

www.essbare-landschaften.de

www.wilde-kost.de

www.schwarzwaldkraeuter.de

www.wild-kraeuter.de

www.wildkraeutergarten.de

Rohkost-Produkte und Tropenfrüchte

www.tropenkost.de
www.orkos.com
www.passion4fruit.de
www.bioinsel-shop.de
www.die-wurzel.de
www.keimling.de
www.vitakeim.de
www.rohfugium.com

Mehr zum Thema

Seminare, Führungen, Fortbildungen, Vorträge und Coaching

Dr. Christine Volm
Wurmbergstr. 27
71063 Sindelfingen
07031/811954
www.christine-volm.de

Bildquellen

Alle Fotos von Maximilian Ludwig

Bibliografische Information der Deutschen Nationalbibliothek
Die Deutsche Nationalbibliothek verzeichnet diese Publikation in der Deutschen Nationalbibliografie; detaillierte bibliografische Daten sind im Internet über http://dnb.d-nb.de abrufbar.

© 2010 Eugen Ulmer KG
Wollgrasweg 41, 70599 Stuttgart (Hohenheim)
E-Mail: info@ulmer.de
Internet: www.ulmer.de
Lektorat: Dr. Helga Hofmann, Helen Haas
Herstellung: Silke Reuter
Umschlagentwurf: red.sign, Anette Vogt, Stuttgart
Satz: r&p digitale medien, Echterdingen
Reproduktion: timeray visualisierungen, Herrenberg
Druck und Bindung: Westermann Druck, Zwickau
Printed in Germany

ISBN 978-3-8001-5938-3